한국어문회
지정지침서

한자능력
검정시험

7급 II

권하는 글

우리 겨레는 아득한 옛날부터 우리말을 쓰면서 살아 왔다. 아마 처음에는 요사이 우리가 쓰고 있는 아버지, 어머니, 위, 아래, 하나, 둘, 바위, 돌, 물, 불 같은 기초어휘가 먼저 쓰였을 것이다.

그러다가 약 2천년 전부터, 당시로는 우리 겨레보다 文化水準(문화수준)이 높았던 이웃 나라의 中國(중국)사람들과 접촉하면서 그들의 글자와 글인 漢字와 漢文을 받아들이게 되고 漢字로 이루어진 어휘도 많이 빌려 쓰게 되었다. 이리하여 우리 겨레는 우리의 고유어와 함께, 父(부)·母(모), 上(상)·下(하), 一(일)·二(이), 岩(암)·石(석)과 같은 漢字語를 쓰게 되었으며, 본래 우리말의 기초어휘에 없던 추상적인 말, 예를 들면 希望(희망), 進步(진보), 勇氣(용기), 特別(특별)과 같은 어휘와, 사회제도 및 정부 기구를 나타내는 科擧(과거), 試驗(시험), 判書(판서), 捕校(포교) 등도 함께 써 오게 되었다.

이러한 현상은 오늘날에도 마찬가지여서, 새로운 文物制度(문물제도)가 생기고 學問(학문)이 발달하면, 자연스러이 漢字로 새 단어를 만들어 쓰는 일이 많다. 治安監(치안감), 元士(원사), 修能試驗(수능시험), 面接考査(면접고사), 高速電鐵(고속전철), 宇宙探索(우주탐색), 公認仲介士(공인중개사) 등 예를 이루 다 들 수가 없다.

따라서 우리는 이미 우리말 안에 녹아들어 있는 漢字語를 정확하게 이해하여, 순수한 우리의 고유어와 함께 우리말을 더욱 올바르게 사용하기 위하여 漢字를 공부하여야 한다.

韓國語文敎育硏究會에서는 우리 국민의 漢字에 대한 이해를 촉진시키고 국어 생활의 수준을 향상시키고자 여러 한자 학습 교재를 편찬해 왔다. 또 한편으로는 韓國漢字能力檢定會에서 시행하고 있는 全國漢字能力檢定試驗에도 對備(대비)할 수 있도록 級數(급수)別로 漢字를 배정하고, 漢字마다 표준이 된 訓과 音, 그리고 長短音(장단음)을 표시하였으며, 누구나 알아야 될 類義語(유의어), 反意語(반의어), 故事成語(고사성어), 漢字의 部首(부수), 널리 쓰이고 있는 略字(약자) 등도 자세히 제시해 두고 있다.

우리의 漢字學習 目的(목적)은 어디까지나 국어 안의 한자어를 제대로 알고자 하는 데 있으나, 이러한 한자학습을 통하여 우리의 文化遺産(문화유산)인 漢文(한문) 典籍(전적)을 읽어 내고, 漢語(한어)를 배우는 데도 도움이 될 수 있을 것이라고 믿는다.

2005年 2月 15日

韓國語文敎育硏究會 會長　姜信沆

머리말

　國語(국어) 어휘의 70% 정도를 차지하고 있는 것이 漢字語(한자어)입니다. 30여년 간의 한글 專用(전용) 교육은 국민의 國語 能力(능력)을 低下(저하)시킴으로써 상호간 意思疏通(의사소통)을 모호하게 하고, 學習(학습) 能力(능력)을 減少(감소)시켰을 뿐만 아니라, 傳統(전통)과의 단절, 한자문화권 내에서의 孤立(고립)이라는 결과를 빚어냈습니다.

　이미 30여년 전에 이런 한글 專用 교육의 盲點(맹점)을 파악하고 漢字 교육을 통한 國語 교육 正常化(정상화)를 기치로 내세워 발족한 韓國語文教育研究會는 잘못된 語文(어문) 정책을 바로잡기 위한 여러 활동을 꾸준히 벌여 왔습니다. 語文 정책을 바로잡기 위한 활동의 강화 차원에서 社團法人 韓國語文會를 창립하였고, 公教育(공교육)에서 담당하지 못하고 있는 漢字 교육을 장려하기 위하여 韓國漢字能力檢定會를 설립하였습니다.

　국민의 言語 能力, 事務(사무) 能力 低下(저하)는 필연적으로 國家(국가)와 社會(사회) 양쪽에서부터 반성을 불러 일으켰습니다. 政府(정부)는 公文書(공문서)에 漢字를 倂記(병기)하자는 결정을 내렸으며, 한편으로 經濟(경제) 단체에서는 漢字 교육의 필요성을 力說(역설)하고 있습니다. 머지않아 公教育에서도 漢字가 混用(혼용)된 교재로 정상적인 학습을 할 날이 到來(도래)할 것을 의심치 않습니다.

　한글 전용 교육을 받고 자라난 世代(세대)가 이제는 社會의 중장년층이 된 바, 漢字를 모르는 데서 오는 불편을 후손에게 대물림하지 않기 위하여 漢字 교육에 관심을 보이고 있습니다. 이는 全國漢字能力檢定試驗에 응시하는 미취학 아동과 초등학생 지원자의 수가 꾸준히 증가하는 것에서 확인할 수 있습니다.

　韓國語文教育研究會는 全國漢字能力檢定試驗 교재를 이미 10여년 전에 출간하였으나 그 내용이 지나치게 간단하였기에, 학습자들이 보다 쉽게 漢字를 익히고, 全國漢字能力檢定試驗에 대비할 수 있는 級數別(급수별) 自習書(자습서)의 보급이 필요하다고 판단하여, 이 학습서를 출간하게 된 것입니다. 이 책은 각 級數別 읽기와 쓰기 配定 漢字를 구별하여, 각각의 활용 단어를 넣었으며, 그 외 字源(자원), 訓音(훈음), 讀音(독음), 長短音(장단음), 筆順(필순), 四字成語(사자성어) 등을 갖춤으로써 종합적 漢字(한자) 학습을 가능케 하였습니다.

　이 학습서가 全國漢字能力檢定試驗을 준비하는 모든 분들에게 훌륭한 길잡이가 되기를 바라마지 않습니다.

韓國語文教育研究會 編纂委員長　　　　南 基 卓

알려두기

이 책의 특징은 한자능력검정시험에 필요한 모든 정보를 제공하여 수험자로 하여금 시험에 대비하도록 하기 위하여, 출제 기준에 따라 한자의 훈과 음·부수·필순·사자성어·반의자 등을 정리하여 집중적으로 공부할 수 있도록 하였다. 기출문제와, 실제 한자능력검정시험의 기출문제와 같은 유형의 실전문제를 두어 시험에 대비하도록 하였다.

이 책을 이용하는데 꼭 알아두어야 할 사항들은 다음과 같다.

글자 풀이   ◉ 상형(象形)문자

어려운 작업을 할 때에 사용하는 잣대(工)에서 물건을 만든다(工)는 의미가 되었다.

응용 단어

工事(공사) 토목이나 건축 등의 역사, 일
人工(인공) 자연적이 아닌 사람이 만든 것
工場(공장) 원료나 재료를 가공하여 물건을 만들어 내는 곳

工 장인 공

부수	획수
工	0

① 한자의 배열은 가나다 순으로 하지 않고 주제별로 배열하여 개개의 한자뿐만 아니라 단어의 구성도 보여 학습에 편리함을 도모하였다.

② 글자풀이란을 두어 한자의 구성원리를 쉽게 이해하고 오래도록 기억할 수 있도록 하였으며, 이 때의 글자풀이는 수험자가 쉽게 이해할 수 있도록 자원풀이보다는 파자(글자를 풀어 설명하는)의 방법을 사용하였다. 더불어 육서를 제시하여 문자의 구성을 표시하였다.

③ 훈과 음은 (사단법인) 한국어문회, 한국어문교육연구회, 한국한자능력검정회가 지정한 대표 훈과 음, 장단음을 따랐다.

④ 각 한자의 부수와 획수를 밝혔으며, 이 때의 획수는 총획에서 부수의 획수를 뺀 나머지 획으로 통일하였다.

⑤ 각 배정한자에 관련된 삽화를 넣어 그 글자의 뜻을 이해하고, 연상학습이 될 수 있도록 하였다.

6 응용단어는 해당급수의 배정한자로 이루어지는 단어를 만들어 그 뜻을 풀이하였고, 풍부한 단어를 제시하여 어휘력을 향상시켜 한자의 응용능력을 익힐 수 있게 하였다. 그리고 각 글자에는 두 개의 문장을 만들어 그 단어들의 쓰임을 보고, 그 한자의 독음을 달 수 있는지를 확인하기 위하여 확인학습을 두었다.

필순	ー丁工				
工 工					
장인 공					

7 필순을 밝혀, 필순을 보면서 한자를 필순에 맞게 써 봄으로써 올바른 한자를 쓸 수 있도록 하였다.

저기 커다란 工場(　　　)에서 일하는 사람들은 대부분 여공들입니다.

자연에 人工(　　　)을 가하면 편리는 하지만 환경이 오염되기 쉽습니다.

8 활용문은 초등학교 국어 교과서에서 문장을 뽑아 단어들의 쓰임을 문장에서 익히도록 하였다.

9 5개나 4개의 한자학습이 끝나면 확인학습란을 두어 그 배정한자를 제대로 익혔는지를 확인하게 하였다.

10 부록에는 각 급수에 해당하는 사자성어, 반의자를 밝혀 집중적으로 공부할 수 있도록 하였다.

11 기출문제 6회분과, 실제 한자능력검정시험의 기출문제와 같은 유형의 실전문제를 2회분 두어 지금까지 학습한 내용을 점검하고 실전에 대비하게 하였다. ➜ 부록

한자능력검정시험 응시 요강

 ## 한자능력검정시험 급수배정 한자의 수준 및 대상

급수	수준 및 특성	대상
8급	읽기 50자, 쓰기 없음 유치원생이나 초등학생의 학습동기 부여를 위한 급수	초등학교 1학년
7급Ⅱ	읽기 100자, 쓰기 없음 8급과 7급의 격차를 해소하기 위한 급수	초등학교 2학년
7급	읽기 150자, 쓰기 없음 한자 공부를 처음 시작하는 분을 위한 초급단계	초등학교 2학년
6급Ⅱ	읽기 225자, 쓰기 50자(2010년 11월 시험부터 적용) 한자 쓰기를 시작하는 첫 급수	초등학교 3학년
6급	읽기 300자, 쓰기 150자 기초 한자 쓰기를 시작하는 급수	초등학교 3학년
5급Ⅱ	읽기 400자, 쓰기 225자 6급과 5급의 격차를 해소하기 위한 급수	초등학교 4학년
5급	읽기 500자, 쓰기 300자 학습용 한자 쓰기를 시작하는 급수	초등학교 4학년
4급Ⅱ	읽기 750자, 쓰기 400자 5급과 4급의 격차를 해소하기 위한 급수	초등학교 5학년
4급	읽기 1,000자, 쓰기 500자 초급에서 중급으로 올라가는 급수	초등학교 6학년
3급Ⅱ	읽기 1,500자, 쓰기 750자 4급과 3급의 격차를 해소하기 위한 급수	중학생
3급	읽기 1,817자, 쓰기 1,000자 신문 또는 일반 교양어를 읽을 수 있는 수준	고등학생
2급	읽기 2,355자, 쓰기 1,817자 일상 한자어를 구사할 수 있는 수준	대학생 · 일반인
1급	읽기 3,500자, 쓰기 2,005자 국한혼용 고전을 불편 없이 읽고, 공부할 수 있는 수준	대학생 · 일반인
특급Ⅱ	읽기 4,918자, 쓰기 2,355자 국한혼용 고전을 불편 없이 읽고, 공부할 수 있는 수준	대학생 · 일반인
특급	읽기 5,978자, 쓰기 3,500자 국한혼용 고전을 불편 없이 읽고, 공부할 수 있는 수준	대학생 · 일반인

▶▶ 초등학생은 4급, 중 · 고등학생은 3급, 대학생은 2급과 1급 취득에 목표를 두고 학습하길 권해 드립니다.

한자능력검정시험 급수별 출제유형

구분	특급	특급II	1급	2급	3급	3급II	4급	4급II	5급	5급II	6급	6급II	7급	7급II	8급
읽기 배정 한자	5,978	4,918	3,500	2,355	1,817	1,500	1,000	750	500	400	300	225	150	100	50
쓰기 배정 한자	3,500	2,355	2,005	1,817	1,000	750	500	400	300	225	150	50	0	0	0
독음	45	45	50	45	45	45	32	35	35	35	33	32	32	32	24
훈음	27	27	32	27	27	27	22	22	23	23	22	29	30	30	24
장단음	10	10	10	5	5	5	3	0	0	0	0	0	0	0	0
반의어	10	10	10	10	10	10	3	3	3	3	3	2	2	2	0
완성형	10	10	15	10	10	10	5	5	4	4	3	2	2	2	0
부수	10	10	10	5	5	5	3	0	0	0	0	0	0	0	0
동의어	10	10	10	5	5	5	3	3	3	3	2	0	0	0	0
동음이의어	10	10	10	5	5	5	3	3	3	3	3	0	0	0	0
뜻풀이	5	5	10	5	5	5	3	3	3	3	2	2	2	2	0
필순	0	0	0	0	0	0	0	0	3	3	3	3	2	2	2
약자·속자	3	3	3	3	3	3	3	3	3	3	0	0	0	0	0
한자 쓰기	40	40	40	30	30	30	20	20	20	20	20	10	0	0	0
한문	20	20	0	0	0	0	0	0	0	0	0	0	0	0	0

▶▶ 상위급수 한자는 모두 하위급수 한자를 포함하고 있습니다.
▶▶ 쓰기 배정 한자는 한두 급수 아래의 읽기 배정한자이거나 그 범위 내에 있습니다.
▶▶ 출제유형표는 기본지침자료로서, 출제자의 의도에 따라 차이가 있을 수 있습니다.
▶▶ 공인급수는 교육과학기술부로부터 국가공인자격 승인을 받은 특급·특급II·1급·2급·3급·3급II이며, 교육급수는 한국한자능력검정회에서 시행하는 민간자격인 4급·4급II·5급·5급II·6급·6급II·7급·7급II·8급입니다.
▶▶ 5급II·7급II는 신설 급수로 2010년 11월 시험부터 적용됩니다.
▶▶ 6급II 읽기 배정한자는 2010년 11월 시험부터 300자에서 225자로 조정됩니다.

한자능력검정시험 합격기준

구분	특급	특급II	1급	2급	3급	3급II	4급	4급II	5급	5급II	6급	6급II	7급	7급II	8급
출제문항수	200	200	200	150	150	150	100	100	100	100	90	80	70	70	50
	(100)	(100)	(100)	(100)	(100)	(100)	(100)	(100)	(100)	(100)	(100)	(100)	(100)	(100)	(100)
합격문항수	160	160	160	105	105	105	70	70	70	70	63	56	49	49	35
	(80)	(80)	(80)	(70)	(70)	(70)	(70)	(70)	(70)	(70)	(70)	(70)	(70)	(70)	(70)

▶▶ ( )는 100점 만점으로 환산한 점수입니다.
▶▶ 특급·특급II·1급은 출제 문항수의 80% 이상, 2급 ~ 8급은 70%이상 득점하면 합격입니다.

한자능력검정시험 합격자 우대사항

- 본 우대사항은 변경이 있을 수 있습니다. 최신 정보는 한국한자능력검정회 홈페이지를 참고하시기 바랍니다.
- 자격기본법 제27조에 의거 국가자격 취득자와 동등한 대우 및 혜택
- 대학 수시모집 및 특기자 전형 지원. 대입 면접시 가산점(해당 학교 및 학과)
- 고려대, 성균관대, 충남대 등 수많은 대학에서 대학의 정한 바에 따라 학점, 졸업인증에 반영
- 유수 고등학교에서 정한 바에 따라 입시에 가산점 등으로 반영
- 육군 간부 승진 고과에 반영
- 한국교육개발원 학점은행의 학점에 반영
- 기업체 입사 및 인사고과에 반영(해당기업에 한함)

1. 대학 수시모집 및 특기자 전형 지원

대 학	학 과	자 격
건양대학교	중국어, 일본어	한자능력검정시험 5급이상
경북과학대학	관광영어과,관광일어과, 관광중국어과	한자능력검정시험 4급이상
경북대학교	사학과, 한문학과	한자, 한문 특기자
경상대학교	한문학과	한자능력검정시험 2급 이상(한국어문회 주관)
경성대학교	한문학과	한자능력검정시험 3급 이상(한국어문회 주최)
고려대학교	어학특기자(한문학과)	한문 특기자
공주대학교	한문교육과	국가공인 한자급수자격시험(3급이상) 취득자
국민대학교	중어중문학과	한자능력시험(한국어문회 주관) 1급 이상
군산대학교	어학특기자	중국어 : 한어수평고사(HSK) 6급 ~ 11급인 자 또는 한자능력검정 1, 2급인 자, 한자능력급수 1, 2급인 자 ※한자능력검정의 경우 한국한자능력검정회, 대한민국한자급수검정회, 대한민국한문교육진흥회, 한국어문회 발행만 인정.
단국대학교 (서울)	한문특기자	한국어문회 주관 한자능력검정시험 3급 이상 취득한 자
대구대학교	문학 및 한자 우수자	한자능력검정시험 3급 이내 합격자

대학	학 과	자격
동서대학교	어학, 한자, 문학, 영상	어학, 한자, 문학, 영상에서 3위 이상 입상자
동아대학교	한문특기자	한자능력검정시험(한국한자능력검정회 주최) 3급 이상 자격증 소지자
동의대학교	어학특기자	한자능력검정시험 1급 이상 또는 HSK 6급이상인자
명지대학교	어학특기자	검정회 및 한국어문회에서 주관하는 한자능력검정시험 2급 이상자
부산대학교	모집단위별 가산점 부여	한국어문회 시행 한자능력검정시험(1급 ~ 3급) 가산점 부여
상명대학교 (서울)	한문특기자	한자능력검정시험(3급 ~ 1급) (한국한자능력검정회 시행)
선문대학교	경시대회입상 전형	(국어〈백일장, 한문, 문학〉, 수학, 과학)
성결대학교	외국어 및 문학 특기자	한자능력검정고시 3급 이상 취득자
성균관대학교	한문 특기자	전국한자능력검정시험(한국어문회) – 2급 이상
연세대학교	문과대학	한문 특기자
영남대학교	어학 특기자	한자능력검정시험(한국한자능력검정회 시행) 2급 이상 자격증 소지자
원광대학교	한문교육과	최근 3년 이내 행정기관, 언론기관, 4년제 대학 등 본교가 인정하는 공신력있는 단체에서 주최한 전국규모의 한문경시대회 개인 입상자
중앙대학교	문과대학 국어국문학과	한자능력검정시험(한국어문회 주관) 3급 이상 합격자
충남대학교	어학특기자	전국한자능력검정시험 3급 이상
한성대학교	한문특기자	전국한자능력검정시험(사단법인 한국어문학회 주최) 1급 이상 취득자
호남대학교	공인 어학능력 인증서 소지자	한문자격시험(한자급수시험)

▶▶ 대입 전형과 관련된 세부사항은 변경될 수 있으므로 해당 학교 홈페이지, 또는 입학담당부서로 문의바랍니다.

2. 대학 면접 가산 · 학점 반영 · 졸업 인증

대학	내 용	비고
건양대학교	국문학부 면접시 가산점 부여	대학입시
성균관대학교	졸업인증 3품 중 국제품의 경우 3급이상 취득시 인증	졸업인증
경산대학교	전교생을 대상으로 3급이상 취득시 인증	졸업인증
서원대학교	국문과를 대상으로 3급이상 취득시 인증	졸업인증
제주한라대학	중국어통역과를 대상으로 3급이상 취득시 인증	졸업인증
신라대학교	인문/자연/사범/예체능계열을 대상으로 4급이상 취득시 인증	졸업인증
경원전문대학	전교생 대상, 취득시 학점반영	학점반영
덕성여자대학교	전교생 대상, 취득시 학점반영	학점반영
한세대학교	전교생 대상, 취득시 학점반영(한문 교양 필수)	학점반영

▶▶ 상기 내용은 변화가 있을 수 있으므로 해당 학교와 학과의 안내를 참고바랍니다.

3. 기업체 입사 · 승진 · 인사고과 반영

구분	내 용	비고
육군	부사관 5급 이상 / 위관장교 4급 이상 / 영관장교 3급 이상	인사고과
조선일보	기자채용 시 3급 이상 우대	입사

▶▶ 상기 내용은 변화가 있을 수 있으므로 해당 기관이나 기업에 문의하시기 바랍니다.

 ## 한자능력검정시험 시험시간

구분	특급	특급II	1급	2급	3급	3급II	4급	4급II	5급	5급II	6급	6급II	7급	7급II	8급
시험시간	100분	90분	60분								50분				

▶▶ 응시 후 시험 시간동안 퇴실 가능 시간의 제한은 없습니다.
▶▶ 시험 시작 20분 전(교육급수-10:40/공인급수-14:40)까지 고사실에 입실하여 주시기 바랍니다.

 ## 한자능력검정시험 검정료

구분	특급	특급II	1급	2급	3급	3급II	4급	4급II	5급	5급II	6급	6급II	7급	7급II	8급
검정료	45,000원			25,000원							20,000원				

▶▶ 창구접수 검정료는 원서 접수일부터, 마감시까지 해당 접수처 창구에서 받습니다.

한자능력검정시험 접수방법

◉ 창구접수(모든 급수, 해당 접수처)

응시 급수 선택	검정시험 급수 배정을 참고하여, 응시자에게 알맞는 급수를 선택합니다.
원서 작성 준비물 확인	반명함판사진(3×4cm) 3매/급수증 수령주소/주민번호/이름(한자) 응시료(현금)
원서 작성·접수	정해진 양식의 원서를 작성하여 접수창구에 응시료와 함께 제출합니다.
수험표 확인	수험표를 돌려받으신 후 수험번호, 수험일시, 응시 고사장을 확인하세요.

※인터넷 접수 가능 : 접수 방법은 바뀔 수 있으므로 한국어문회 홈페이지(www.hanja.re.kr)를 참고하시기 바랍니다.

 ## 한자능력검정시험 시상기준

급수	문항 수	합격문항	우량상			우수상		
			초등이하	중등	고등	초등이하	중등	고등
특급	200	160	–	–	–	160	160	160
특급Ⅱ	200	160	–	–	–	160	160	160
1급	200	160	–	–	–	160	160	160
2급	150	105	–	105	112	105	112	120
3급	150	105	–	105	112	105	112	120
3급Ⅱ	150	105	112	120	127	120	127	135
4급	100	70	75	80	85	80	85	90
4급Ⅱ	100	70	75	80	85	80	85	90
5급	100	70	85	85	–	90	90	–
5급Ⅱ	100	70	85	85	–	90	90	–
6급	90	63	76	–	–	81	–	–
6급Ⅱ	80	56	68	–	–	72	–	–
7급	70	49	59	–	–	63	–	–
7급Ⅱ	60	42	51	–	–	54	–	–
8급	50	35	42	–	–	45	–	–

▶▶ 시상기준표의 숫자는 "문항 수" 입니다.
▶▶ 대학생과 일반인은 시상대상에 해당되지 않습니다.

CONTENTS

머리말 4

일러두기 5

한자능력검정시험 응시요강 ... 7

한자의 기초

육서 14
부수의 위치와 명칭 15
필순 16

7급 II 배정한자 18

본문학습 22

1단원　一二三四五 /　확인학습 1
2단원　六七八九十 /　확인학습 2
3단원　東西南北中 /　확인학습 3
4단원　火水木金土 /　확인학습 4
5단원　年月日時 /　확인학습 5
6단원　父母兄弟 /　확인학습 6
7단원　學校教室 /　확인학습 7
8단원　男女內外 /　확인학습 8
9단원　方寸空間 /　확인학습 9
10단원　左右王立 /　확인학습 10
11단원　上下大小 /　확인학습 11

12단원　韓國漢江 /　확인학습 12
13단원　孝道家門 /　확인학습 13
14단원　每事正直 /　확인학습 14
15단원　山海食物 /　확인학습 15
16단원　市場活動 /　확인학습 16
17단원　長子姓名 /　확인학습 17
18단원　不答安全 /　확인학습 18
19단원　靑白農軍 /　확인학습 19
20단원　手記民話 /　확인학습 20
21단원　午後氣力 /　확인학습 21
22단원　先世前生 /　확인학습 22
23단원　人工電車 /　확인학습 23
24단원　萬平自足 /　확인학습 24

해답 148

부록 I
사자성어 156
반대자(상대자) 157

부록 II
최근 기출문제 160
실전문제 184
최근 기출문제 정답 192
실전문제 정답 204

한자의 기초

육 서

한자를 만드는 여섯 가지 원리를 일컬어 육서라고 한다. 육서에는 한자를 만드는 원리를 해설하는 상형, 지사, 회의, 형성과 기존의 한자를 사용하여 문자의 원리를 해설한 전주, 가차의 방법이 있다.

▶ 상형문자(象形文字 – 그림글자)

한자를 만드는 가장 기본적인 원리로 구체적인 사물의 모양을 본뜬 글자

▶ 지사문자(指事文字 – 약속글자)

구체적인 모양을 나타낼 수 없는 사상이나 개념을 선이나 점으로 나타내어 글자를 만드는 원리

〈上 윗 상〉   〈刀 칼 도〉

▶ 회의문자(會意文字 – 뜻 모음 글자)

두 개 이상의 글자가 뜻으로 결합하여 새로운 글자를 만드는 원리

* 明(밝을 명) = 日(날 일) + 月(달 월)

* 林(수풀 림) = 木(나무 목) + 木(나무 목)

▶ 형성문자(形聲文字 - 합체글자)

뜻을 나타내는 부분과 음을 나타내는 부분을 결합하여 새로운 글자를 만드는 원리

* 問(물을 문) = 門(문 문) + 口(입 구)
* 記(기록할 기) = 言(말씀 언) + 己(몸 기)

▶ 전주문자(轉注文字 - 확대글자)

이미 있는 글자의 뜻을 확대, 유추하여 새로운 뜻을 나타내는 원리

* 惡	본뜻	악할 악	예) 惡行(악행)
	새로운 뜻	미워할 오	예) 憎惡(증오)

▶ 가차문자(假借文字 - 빌린 글자)

글자의 본래 의미와는 상관없이 소리가 비슷한 글자를 빌려서 나타내는 원리

* 스페인(Spain) = 西班牙(서반아)   * 유럽(Europe) = 歐羅巴(구라파)

부수의 위치와 명칭

▶ 邊(변) : 글자의 왼쪽에 있는 부수

* 木 나무목변 : 校 (학교 교), 植 (심을 식), 樹 (나무 수)
* 氵(水) 물수변 : 江 (강 강), 海 (바다 해), 洋 (큰 바다 양)

▶ 傍(방) : 글자의 오른쪽에 있는 부수

* 阝(邑) 우부방(고을 읍 방) : 郡 (고을 군), 部 (떼 부)
* 刂(刀) 선칼도방(칼 도 방) : 利 (이할 리), 別 (다를/나눌 별)

▶ 머리 : 글자의 위에 있는 부수

* 宀 갓머리(집 면) : 室 (집 실), 安 (편안 안), 字 (글자 자)
* ++(艸) 초두(艸頭) : 萬 (일만 만), 草 (풀 초), 藥 (약 약)

▶ 발 : 글자의 아래에 있는 부수

    * 心 마음 심 발 　　　　　　 : 感 (느낄 감), 意 (뜻 의), 念 (생각할 념)
    * 儿 어진사람 인 발(사람 인) : 先 (먼저 선), 兄 (형 형), 光 (빛 광)

▶ 엄 : 글자의 위와 왼쪽을 싸고 있는 부수

    * 广 엄호(집 엄) 　　　 : 度 (법도 도/헤아릴 탁), 序 (차례 서), 廣 (넓을 광)
    * 尸 주검시엄(주검 시) : 局 (판 국), 屋 (집 옥), 展 (펼 전)

▶ 책받침 : 글자의 왼쪽과 밑을 싸고 있는 부수

    * 辶(辵) 갖은책받침(쉬엄쉬엄 갈 착) : 道 (길 도), 過 (지날 과)
    * 廴　　 민책받침(길게 걸을 인) 　　 : 建 (세울 건)

▶ 몸(에운담) : 글자를 에워싸고 있는 부수

    * 囗 에운담(큰 입 구) : 國 (나라 국), 圖 (그림 도), 園 (동산 원)
    * 門 문 문몸 　　　　 : 間 (사이 간), 開 (열 개), 關 (관계할 관)

▶ 諸部首(제부수) : 한 글자가 그대로 부수인 것

    * 車 (수레 거/차), 身 (몸 신), 立 (설 립)

필 순

▶ 위에서 아래로

例) 言 (말씀 언) : `丶 亠 亠 言 言 言 言`

▶ 왼쪽에서 오른쪽으로

例) 川 (내 천) : `丿 丿丨 川`

▶ 세로획을 먼저

例) 用 (쓸 용) : 丿 刀 刀 月 用

▶ 가운데를 먼저

例) 小 (작을 소) : 亅 小 小

▶ 몸을 먼저

例) 同 (한 가지 동) : 丨 冂 冂 冋 同 同

▶ 글자를 꿰뚫는 획은 나중에

例) 中 (가운데 중) : 丶 冂 口 中

     母 (어미 모) : 乚 囗 囝 母 母

▶ 점은 맨 나중에 (윗 부분 오른쪽 점)

例) 代 (대신할 대) : 丿 亻 仁 代 代

▶ 삐침(丿)을 파임(丶)보다 먼저

例) 父 (아비 부) : 丷 丷 父 父

7급II 배정한자

※급수 표기 : 72(7급II), 80(8급)
※획수는 해당 한자에 노출된 부수의 획수를 제외한 나머지 획수입니다.

급수	한자	부수	획수	대표훈음
			ㄱ	
72	家	宀	07	집 가
72	間	門	04	사이 간(:)
72	江	氵(水)	03	강 강
72	車	車	00	수레 거/차
72	工	工	00	장인 공
72	空	穴	03	빌 공
80	敎	攵(攴)	07	가르칠 교:
80	校	木	06	학교 교:
80	九	乙	01	아홉 구
80	國	囗	08	나라 국
80	軍	車	02	군사 군
72	氣	气	06	기운 기
72	記	言	03	기록할 기
80	金	金	00	쇠 금/성 김
			ㄴ	
80	南	十	07	남녘 남
72	男	田	02	사내 남
72	內	入	02	안 내:
80	女	女	00	계집 녀
80	年	干	03	해 년
72	農	辰	06	농사 농
			ㄷ	
72	答	竹	06	대답 답
80	大	大	00	큰 대(:)
72	道	辶(辵)	09	길 도:
72	動	力	09	움직일 동:

급수	한자	부수	획수	대표훈음
80	東	木	04	동녘 동
			ㄹ	
72	力	力	00	힘 력
80	六	八	02	여섯 륙
72	立	立	00	설 립
			ㅁ	
80	萬	++(艸)	09	일만 만:
72	每	毋	03	매양 매(:)
72	名	口	03	이름 명
80	母	毋	01	어미 모:
80	木	木	00	나무 목
80	門	門	00	문 문
72	物	牛	04	물건 물
80	民	氏	01	백성 민
			ㅂ	
72	方	方	00	모 방
80	白	白	00	흰 백
72	不	一	03	아닐 불
80	父	父	00	아비 부
80	北	匕	03	북녘 북/달아날 배
			ㅅ	
72	事	亅	07	일 사:
80	四	囗	02	넉 사:
80	山	山	00	메 산
80	三	一	02	석 삼

급수	한자	부수	획수	대표훈음
72	上	一	02	윗 상:
80	生	生	00	날 생
80	西	襾	00	서녘 서
80	先	儿	04	먼저 선
72	姓	女	05	성 성:
72	世	一	04	인간 세:
80	小	小	00	작을 소:
72	手	手	00	손 수(:)
80	水	水	00	물 수
72	市	巾	02	저자 시:
72	時	日	06	때 시
72	食	食	00	밥/먹을 식
80	室	宀	06	집 실
80	十	十	00	열 십

급수	한자	부수	획수	대표훈음
72	前	刂(刀)	07	앞 전
72	電	雨	05	번개 전:
72	正	止	01	바를 정(:)
80	弟	弓	04	아우 제:
72	足	足	00	발 족
72	左	工	02	왼 좌:
80	中	丨	03	가운데 중
72	直	目	03	곧을 직

ㅊ

급수	한자	부수	획수	대표훈음
80	青	靑	00	푸를 청
80	寸	寸	00	마디 촌:
80	七	一	01	일곱 칠

ㅌ

급수	한자	부수	획수	대표훈음
80	土	土	00	흙 토

ㅇ

급수	한자	부수	획수	대표훈음
72	安	宀	03	편안 안
80	五	二	02	다섯 오:
72	午	十	02	낮 오:
80	王	王(玉)	00	임금 왕
80	外	夕	02	바깥 외:
72	右	口	02	오를/오른/오른쪽 우:
80	月	月	00	달 월
80	二	二	00	두 이:
80	人	人	00	사람 인
80	一	一	00	한 일
80	日	日	00	날 일

ㅍ

급수	한자	부수	획수	대표훈음
80	八	八	00	여덟 팔
72	平	干	02	평평할 평

ㅎ

급수	한자	부수	획수	대표훈음
72	下	一	02	아래 하:
80	學	子	13	배울 학
72	漢	氵(水)	11	한수/한나라 한:
80	韓	韋	08	한국/나라 한(:)
72	海	氵(水)	07	바다 해:
80	兄	儿	03	형 형
80	火	火(灬)	00	불 화(:)
72	話	言	06	말씀 화
72	活	氵(水)	06	살 활
72	孝	子	04	효도 효:
72	後	彳	06	뒤 후:

ㅈ

급수	한자	부수	획수	대표훈음
72	子	子	00	아들 자
72	自	自	00	스스로 자
72	場	土	09	마당 장
80	長	長	00	긴 장(:)
72	全	入	04	온전 전

漢字

(사) 한국어문회 주관 / 한국한자능력검정회 시행

본 문 학 습

❀ 다음 한자의 음과 뜻을 익히고 써보세요.

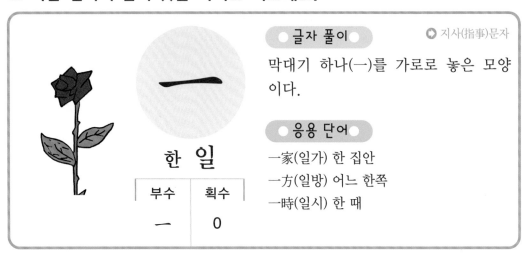

●──글자 풀이 ▶ 지사(指事)문자

막대기 하나(一)를 가로로 놓은 모양
이다.

●──응용 단어

一家(일가) 한 집안
一方(일방) 어느 한쪽
一時(일시) 한 때

한 일

부수	획수
一	0

필 순	一					
一	一					
한 일						

❀ 다음 한자의 음을 쓰세요.

설날을 맞아 一家(　　)친척들이 모였
습니다.

경희는 너무 一方(　　)적으로 자기
의견만을 고집합니다.

그것도 一年(일년) 내내 가만히 있다가 어버이날만 수선을
떠는 것도 마찬가지고.

✿ 다음 한자의 음과 뜻을 익히고 써보세요.

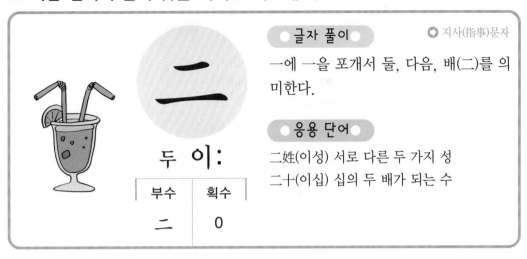

○ 지사(指事)문자

글자 풀이

一에 一을 포개서 둘, 다음, 배(二)를 의미한다.

응용 단어

二姓(이성) 서로 다른 두 가지 성
二十(이십) 십의 두 배가 되는 수

두 이:

부수	획수
二	0

필순	一 二					
二	二					
두 이						

✿ 다음 한자의 음을 쓰세요.

二十(   )일에 컴퓨터가 고장 나는 바람에 일을 못했습니다.

二校時(   )가 끝나고 음악실에서 연극연습이 있습니다.

둘째 달은 二月(이월)입니다.

❀ 다음 한자의 음과 뜻을 익히고 써보세요.

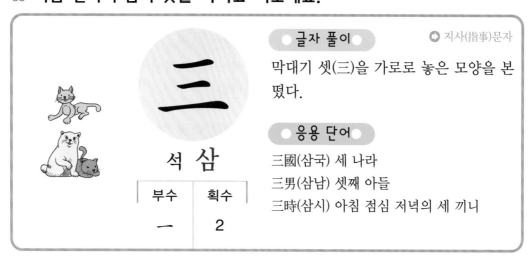

	글자 풀이	🔵 지사(指事)문자

글자 풀이

막대기 셋(三)을 가로로 놓은 모양을 본 떴다.

응용 단어

三國(삼국) 세 나라
三男(삼남) 셋째 아들
三時(삼시) 아침 점심 저녁의 세 끼니

석 삼

부수	획수
一	2

필순	一 二 三				
三	三				
석 삼					

❀ 다음 한자의 음을 쓰세요.

우리나라는 三國(　　)시대가 있었습니다.

어머니께서 저고리치마를 두르고 三男(　　)에게 밥을 해 주셨습니다.

三(삼)·四(사)·五月(오월)은 봄이고, 六(육)·七(칠)·八月(팔월)은 여름입니다.

❀ 다음 한자의 음과 뜻을 익히고 써보세요.

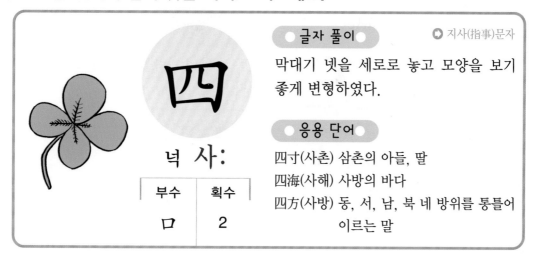

四

넉 사:

부수	획수
口	2

글자 풀이 ▶ 지사(指事)문자

막대기 넷을 세로로 놓고 모양을 보기 좋게 변형하였다.

응용 단어

四寸(사촌) 삼촌의 아들, 딸
四海(사해) 사방의 바다
四方(사방) 동, 서, 남, 북 네 방위를 통틀어 이르는 말

필순	丨 冂 冂 四 四					
四	四					
넉 사						

❀ 다음 한자의 음을 쓰세요.

밤이 되자 四方(　　)이 깜깜해졌습니다.

이번에 四寸(　　)누나가 다니는 학교로 전학을 하게 되었습니다.

四方(사방)을 둘러보며

❀ 다음 한자의 음과 뜻을 익히고 써보세요.

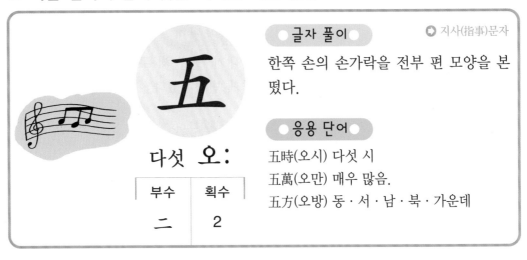

글자 풀이

⊙ 지사(指事)문자

한쪽 손의 손가락을 전부 편 모양을 본떴다.

응용 단어

五時(오시) 다섯 시
五萬(오만) 매우 많음.
五方(오방) 동·서·남·북·가운데

다섯 오:

부수	획수
二	2

필순	一 丁 五 五					
五	五					
다섯 오						

❀ 다음 한자의 음을 쓰세요.

선비는 우리나라 五方(　　)을 유람하였습니다.

五時(　　)에 무지개가 하늘 높이 솟았습니다.

三(삼)·四(사)·五月(오월)은 봄이고, 六(육)·七(칠)·八月(팔월)은 여름입니다.

확인학습1

1 다음 한자의 訓(훈;뜻)과 音(음;소리)을 쓰세요.

(1) 二   (2) 四   (3) 一   (4) 五   (5) 三

2 다음 괄호 안 한자(漢字)의 音(음;소리)을 쓰세요.

(1) (一)월은 일 년의 첫째달입니다.

(2) (五)월은 가정의 달입니다.

(3) (三)월에는 새 학년이 시작됩니다.

(4) (四)월에는 식목일이 있습니다.

(5) (二)월은 보통 28일이 있습니다.

3 다음 ( ) 안의 말에 해당하는 (한자)를 〈보기〉에서 골라 그 번호를 쓰세요.

> 보기   ① 二   ② 四   ③ 一   ④ 五   ⑤ 三

(1) 친구들이 달리기를 합니다. 모두 (다섯)명입니다.

(2) (두) 명은 앞서서 달리고,

(3) 중간에는 (세)명이 나란히 뜁니다.

(4) 그 중 (한)명은 흰옷을 입고 있고,

(5) 나머지 (네)명은 푸른 옷을 입고 있습니다.

4 다음 漢字語(한자어)의 讀音(독음; 읽는 소리)과 뜻을 쓰세요.

(1) 一二   (2) 三五   (3) 二四

⭐ 다음 漢字(한자)를 필순에 맞게 여러 번 써 보세요.

一   二   三   四   五

※ 다음 한자의 음과 뜻을 익히고 써보세요.

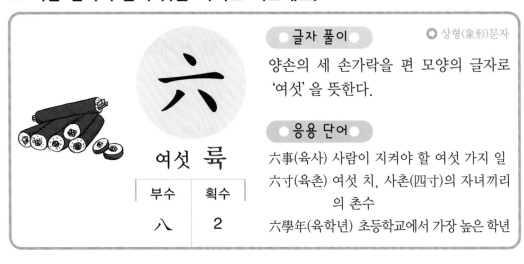

글자 풀이 ○ 상형(象形)문자

양손의 세 손가락을 편 모양의 글자로 '여섯'을 뜻한다.

응용 단어

六事(육사) 사람이 지켜야 할 여섯 가지 일
六寸(육촌) 여섯 치, 사촌(四寸)의 자녀끼리의 촌수
六學年(육학년) 초등학교에서 가장 높은 학년

六 여섯 륙

부수	획수
八	2

필순	丶 一 亠 六 六				
六	六				
여섯 륙					

※ 다음 한자의 음을 쓰세요.

영호는 六學年(　　　) 형들을 물리치고 경시대회에서 일등을 했습니다.

六二五(　　　)와 같은 전쟁이 다시는 일어나지 않았으면 좋겠습니다.

오늘은 六月(유월) 六日(육일) 현충일입니다.

❀ 다음 한자의 음과 뜻을 익히고 써보세요.

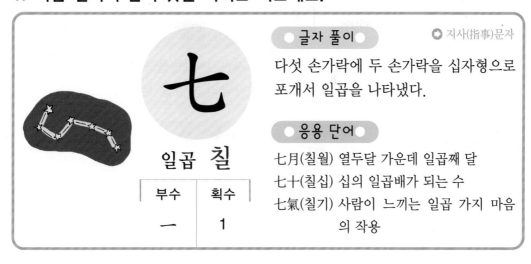

글자 풀이

◐ 지사(指事)문자

다섯 손가락에 두 손가락을 십자형으로 포개서 일곱을 나타냈다.

응용 단어

七月(칠월) 열두달 가운데 일곱째 달
七十(칠십) 십의 일곱배가 되는 수
七氣(칠기) 사람이 느끼는 일곱 가지 마음의 작용

일곱 칠

부수	획수
一	1

필순	一 七				
七	七				
일곱 칠					

❀ 다음 한자의 음을 쓰세요.

七月(　　) 칠석날은 견우와 직녀의 눈물이 비가 되어 내린다고 합니다.

七(　) 은 행운의 숫자라고 합니다.

三(삼)·四(사)·五月(오월)은 봄이고, 六(육)·七(칠)·八月(팔월)은 여름입니다.

❀ 다음 한자의 음과 뜻을 익히고 써보세요.

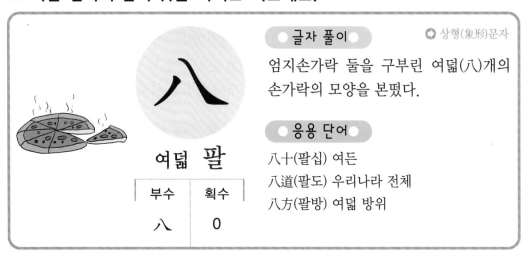

글자 풀이　　　🔵 상형(象形)문자

엄지손가락 둘을 구부린 여덟(八)개의 손가락의 모양을 본떴다.

응용 단어

八十(팔십) 여든
八道(팔도) 우리나라 전체
八方(팔방) 여덟 방위

여덟 팔

부수	획수
八	0

필순	ノ 八				
八	八				
여덟 팔					

❀ 다음 한자의 음을 쓰세요.

외삼촌은 八方(　　　) 미인이라 인기가 많습니다.

할아버지가 살아계셨다면 올해로 八十(　　　)이 되실 겁니다.

三(삼)·四(사)·五月(오월)은 봄이고, 六(육)·七(칠)·八月(팔월)은 여름입니다.

✿ 다음 한자의 음과 뜻을 익히고 써보세요.

九

아홉 구

부수	획수
乙	1

● 상형(象形)문자

● 글자 풀이

1에서 9까지의 숫자 중에서 맨 마지막 숫자로 수가 많은 것을 의미한다.

● 응용 단어

九空(구공) 아득히 높고 먼 하늘
九門(구문) 아홉개의 문
九十(구십) 십의 아홉배가 되는 수

필순	丿 九				
九 아홉 구	九				

✿ 다음 한자의 음을 쓰세요.

내일이면 九空(　　　)을 날아 먼 땅으로 가게 됩니다.

오늘은 학교에서 九九(　　　)단을 배웠습니다.

九(구)·十(십)·十一(십일)월은 가을이고, 十二(십이)·一(일)·二(이)월은 겨울입니다.

❀ 다음 한자의 음과 뜻을 익히고 써보세요.

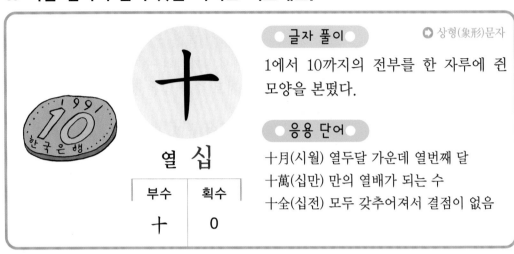

글자 풀이　　　　　◑ 상형(象形)문자

1에서 10까지의 전부를 한 자루에 쥔 모양을 본떴다.

응용 단어

十月(시월) 열두달 가운데 열번째 달
十萬(십만) 만의 열배가 되는 수
十숙(십전) 모두 갖추어져서 결점이 없음

열 십

부수	획수
十	0

필순	一 十					
十	十					
열 십						

❀ 다음 한자의 음을 쓰세요.

十(　　)자 드라이버 좀 빌려 주세요.　　十月(　　)의 하늘이 맑습니다.

九(구)·十(십)·十一(십일)월은 가을이고, 十二(십이)·一 (일)·二(이)월은 겨울입니다.

1 다음 한자의 訓(훈;뜻)과 音(음;소리)을 쓰세요.

(1) 六 　(2) 十 　(3) 七 　(4) 九 　(5) 八

2 다음 괄호 안 한자(漢字)의 音(음;소리)을 쓰세요.

(1) (十)원짜리 동전을 갖고 있습니다.

(2) (六)년간 친구들과 학교를 다닙니다.

(3) (九)월에 계룡산 여행을 다녀왔습니다.

(4) (八)월에는 광복절이 있습니다.

(5) (七)백 의사의 무덤이 있습니다.

3 다음 ( ) 안의 말에 해당하는 漢字(한자)를 〈보기〉에서 골라 그 번호를 쓰세요.

보기	① 六 　② 八 　③ 七 　④ 十 　⑤ 九

(1) (열)명이 연극 공연에 모였습니다.

(2) (아홉)명은 제 시간에 도착했고, 한 명은 늦었습니다.

(3) (여섯)명이 먼저 공연장으로 들어갔습니다.

(4) 한 줄에 (여덟)명씩 앉도록 의자가 놓여 있습니다.

(5) (일곱)명은 나란히 앉고 세 명은 뒷줄에 앉았습니다.

4 다음 漢字語(한자어)의 讀音(독음; 읽는 소리)과 뜻을 쓰세요.

(1) 六十 　(2) 八九 　(3) 七十

⭐ 다음 漢字(한자)를 필순에 맞게 여러 번 써 보세요.

六 　七 　八 　九 　十

❀ 다음 한자의 음과 뜻을 익히고 써보세요.

글자 풀이 ○ 상형(象形)문자

나뭇가지(木) 사이에서 태양(日)이 나오는 형태로 해가 뜨는 방향 동녘(東)을 의미한다.

응용 단어

東海(동해) 동쪽에 있는 바다
東西(동서) 동쪽과 서쪽
大東(대동) 동녘의 큰 나라. 우리나라

동녘 동

부수	획수
木	4

필순	一 ｢ ｢ 戸 百 百 申 東 東					
東	東					
동녘 동						

❀ 다음 한자의 음을 쓰세요.

東海(   )에서 해가 떠오르는 모습을 봤습니다.

월드컵으로 東西(   )가 하나가 되었습니다.

해가 뜨는 쪽이 東(동)쪽입니다.

✿ 다음 한자의 음과 뜻을 익히고 써보세요.

➤ 상형(象形)문자

西

서녘 서

글자 풀이

해가 서쪽에서 기울 무렵 새가 집으로 들어가는 것에서 서쪽(西)을 의미한다.

응용 단어

西方(서방) 서쪽 지방
西門(서문) 서쪽의 문
西海(서해) 서쪽에 있는 바다

부수	획수
襾	0

필순	一 「 冂 両 西 西				
西	西				
서녘 서					

✿ 다음 한자의 음을 쓰세요.

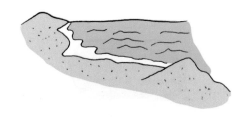

이곳은 西方(　　)에서 들어온 신기한 물건들이 많습니다.

西海(　　)의 바다색은 황색이라 황해라고 부릅니다.

해가 지는 쪽은 西(서)쪽입니다.

✽ 다음 한자의 음과 뜻을 익히고 써보세요.

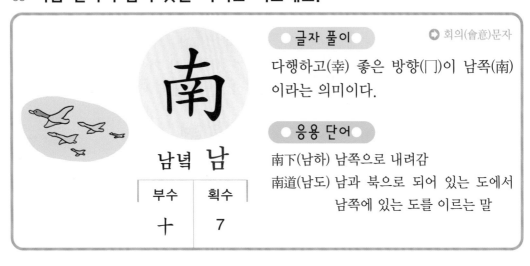

글자 풀이	● 회의(會意)문자

다행하고(幸) 좋은 방향(冂)이 남쪽(南)이라는 의미이다.

응용 단어

南下(남하) 남쪽으로 내려감
南道(남도) 남과 북으로 되어 있는 도에서 남쪽에 있는 도를 이르는 말

南

남녘 남

부수	획수
十	7

필순	一 十 十 †† 忄 冃 冃 肖 肖 南 南
南 남녘 남	南				

✽ 다음 한자의 음을 쓰세요.

南道(　　　)쪽의 음식은 맵고 짠 것이 많습니다.

6.25가 일어나자 사람들은 南下(　　　)하여 부산까지 갔습니다.

南(남)쪽으로 걸어서 피난 간 사람도 있고 마을에 남아있는 사람들도 있었습니다.

❀ 다음 한자의 음과 뜻을 익히고 써보세요.

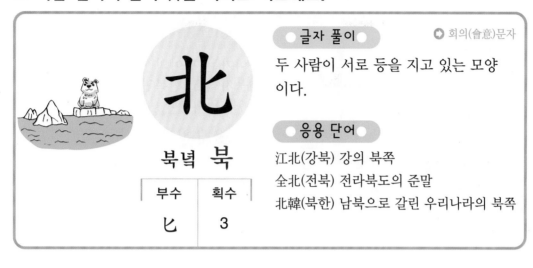

글자 풀이 ◯ 회의(會意)문자

두 사람이 서로 등을 지고 있는 모양이다.

응용 단어

江北(강북) 강의 북쪽
全北(전북) 전라북도의 준말
北韓(북한) 남북으로 갈린 우리나라의 북쪽

북녘 북

부수	획수
匕	3

필순	｜ ｜ ｜ 丬 丬 北				
北	北				
북녘 북					

❀ 다음 한자의 음을 쓰세요.

北韓(　　　)에서 가장 높은 산은 백두산입니다.

익산은 全北(　　　)에 있습니다.

공산군은 北(북)쪽으로 달아났습니다.

❀ 다음 한자의 음과 뜻을 익히고 써보세요.

● 지사(指事)문자

글자 풀이

돌아가는 팽이의 중심축에 어느 쪽도 기울지 않고 한복판을 지키기에 가운데 (中)를 의미한다.

응용 단어

中食(중식) 낮에 끼니로 먹는 음식
中道(중도) 어느 한쪽으로 치우치지 아니하는 바른 길
中世(중세) 역사의 시대 구분에서, 고대에 이어 근대의 앞 시기

가운데 중

부수	획수
ㅣ	3

필순	ㅣ 口 口 中					
中	中					
가운데 중						

❀ 다음 한자의 음을 쓰세요.

오늘 中世(　　)의 유럽을 배경으로 한 영화를 봤습니다.

오늘 中食(　　)으로 자장면을 먹었습니다.

그 中(중)에서도 '선녀와 나무꾼'이 제일 재미있었습니다.

확인학습 3

1 다음 한자의 訓(훈;뜻)과 흡(음;소리)을 쓰세요.

(1) 中　(2) 北　(3) 東　(4) 南　(5) 西

2 다음 괄호 안 한자(漢字)의 흡(음;소리)을 쓰세요.

(1) (東)녘에 해가 떠오릅니다.

(2) 저녁에 (西)녘으로 해가 집니다.

(3) 우리 마을에는 (南)쪽으로 앞이 트였고,

(4) 뒤쪽인 (北)쪽은 산이 둘러 있습니다.

(5) 마을 (中)앙에 촌장님 댁이 있습니다.

3 다음 ( ) 안의 말에 해당하는 漢字(한자)를 〈보기〉에서 골라 그 번호를 쓰세요.

> 보기　① 西　② 東　③ 南　④ 北　⑤ 中

(1) (남쪽)으로 수원이 있고,

(2) (서쪽)으로 인천이 있으며,

(3) (동녘)에 춘천이 있고,

(4) (북녘)에 의정부가 있으며,

(5) (가운데)에 서울이 있습니다.

4 다음 漢字語(한자어)의 讀音(독음; 읽는 소리)과 뜻을 쓰세요.

(1) 東西　(2) 南北　(3) 十中八九

⭐ 다음 漢字(한자)를 필순에 맞게 여러 번 써 보세요.

東　西　南　北　中

※ 다음 한자의 음과 뜻을 익히고 써보세요.

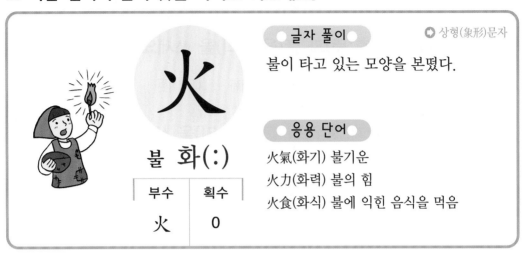

글자 풀이 　　　　○ 상형(象形)문자

불이 타고 있는 모양을 본떴다.

火

불 화(:)

응용 단어

火氣(화기) 불기운
火力(화력) 불의 힘
火食(화식) 불에 익힌 음식을 먹음

부수	획수
火	0

필순	丶 丶 丷 少 火					
火	火					
불 화						

※ 다음 한자의 음을 쓰세요.

옛날 원시인들은 火食(　　　)을 하지 않았다고 합니다.

이 가스렌지는 火力(　　　)이 너무 세 서 위험합니다.

日(일)요일, 月(월)요일, 火(화)요일, 水(수)요일, 木(목) 요일, 金(금)요일, 土(토)요일이 있습니다.

✿ 다음 한자의 음과 뜻을 익히고 써보세요.

글자 풀이 ◯ 상형(象形)문자

냇물의 움직이는 모양을 나타낸다.

물 수

응용 단어

食水(식수) 먹는 물
水中(수중) 물속
水平(수평) 기울지 않고 평평한 상태

부수	획수
水	0

필순	亅 기 水 水				
水 물 수	水				

✿ 다음 한자의 음을 쓰세요.

이 우물은 동네 사람들의 食水(　　)로 쓰이고 있습니다.

백조들이 水中(　　)에 미끄러지듯 날아와 앉았습니다.

그러나 우리 水軍(수군)은 적진의 한가운데로 뚫고 들어갔습니다.

❀ 다음 한자의 음과 뜻을 익히고 써보세요.

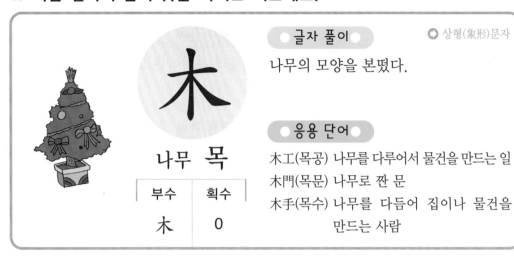

글자 풀이 ◐ 상형(象形)문자

나무의 모양을 본떴다.

응용 단어

木工(목공) 나무를 다루어서 물건을 만드는 일
木門(목문) 나무로 짠 문
木手(목수) 나무를 다듬어 집이나 물건을
　　　　　만드는 사람

나무 목

부수	획수
木	0

필순	一 十 才 木				
木	木				
나무 목					

❀ 다음 한자의 음을 쓰세요.

어머니께서 木門(　　)을 열고 이불을
주셨습니다.

木手(　　)아저씨는 정성스레 나무를
다듬었습니다.

"오늘부터 여러 장수들은 배를 만드는 木手(목수)들을 모
아 이 설계도대로 배를 만드시오!"

❀ 다음 한자의 음과 뜻을 익히고 써보세요.

金

쇠 금/성 김

부수	획수
金	0

글자 풀이 ◉ 형성(形聲)문자

산에 보석이 있는 모양에서 금, 금전 (金)을 의미한다.

응용 단어

金工(금공) 금속에 세공을 하는 사람
金力(금력) 돈의 힘
金門(금문) 금으로 만든 문

필순	／ 人 ∧ ∧ 仐 仐 余 金					
金	金					
쇠 금						

❀ 다음 한자의 음을 쓰세요.

아버지께서는 金力(　　　)이 필요할 때 가 있다며 열심히 저축하십니다.

건강은 金(　　　)을 주고도 살 수 없 다고 합니다.

바다에도 해님이 살지 金(금)빛 파도 출렁

✿ 다음 한자의 음과 뜻을 익히고 써보세요.

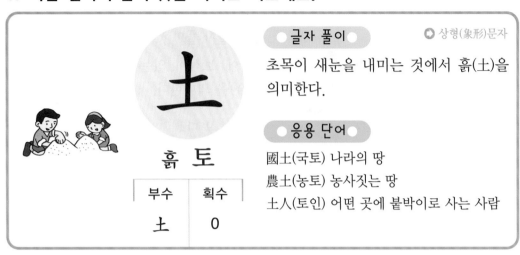

글자 풀이 ➡ 상형(象形)문자

초목이 새눈을 내미는 것에서 흙(土)을 의미한다.

응용 단어

國土(국토) 나라의 땅
農土(농토) 농사짓는 땅
土人(토인) 어떤 곳에 붙박이로 사는 사람

필순	一 十 土					
土	土					
흙 토						

✿ 다음 한자의 음을 쓰세요.

우리 國土(   )에서 옛 유물이 많이
출토됩니다.

얼마 전까지 못쓰던 農土(   )가 밭이
되었습니다.

6·25로 國土(국토)는 쑥밭이 되고 많은 사람들이 죽고
다치고 고생을 하였습니다.

1 다음 한자의 訓(훈;뜻)과 音(음;소리)을 쓰세요.

(1) 土　　(2) 木　　(3) 水　　(4) 金　　(5) 火

2 다음 괄호 안 한자(漢字)의 音(음;소리)을 쓰세요.

(1) (土)요일은 쉬는 날도 있습니다.

(2) (木)수가 좋은 나무를 고릅니다.

(3) 하천의 (水)질이 좋아졌습니다.

(4) 어머니께서 오래된 (金)반지를 꺼내 보십니다.

(5) (火)력이 강하여 접근하기 어렵습니다.

3 다음 (　) 안의 말에 해당하는 漢字(한자)를 〈보기〉에서 골라 그 번호를 쓰세요.

보기	① 水　　② 火　　③ 土　　④ 木　　⑤ 金

(1) 시골에 가서 (흙) 냄새를 맡았습니다.

(2) 농민은 (쇠)로 만든 삽으로 밭을 돌보고 있습니다.

(3) 깨끗한 (물)이 흐르고,

(4) 푸른 (나무)가 무성합니다.

(5) 저녁에 장작(불)에 고기도 구워 먹었습니다.

4 다음 漢字語(한자어)의 讀音(독음; 읽는 소리)과 뜻을 쓰세요.

(1) 火木　　(2) 水火　　(3) 土金

⭐ 다음 漢字(한자)를 필순에 맞게 여러 번 써 보세요.

火　　水　　木　　金　　土

※ 다음 한자의 음과 뜻을 익히고 써보세요.

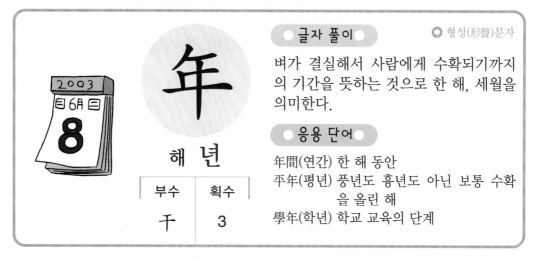

● 글자 풀이　　　　◑ 형성(形聲)문자

벼가 결실해서 사람에게 수확되기까지의 기간을 뜻하는 것으로 한 해, 세월을 의미한다.

● 응용 단어

年間(연간) 한 해 동안
平年(평년) 풍년도 흉년도 아닌 보통 수확을 올린 해
學年(학년) 학교 교육의 단계

年
해 년

부수	획수
干	3

필순	ノ ト ヒ ヒ 巨 年				
年	年				
해 년					

※ 다음 한자의 음을 쓰세요.

올해 농사는 가뭄이 길어 걱정했지만 다행히 平年(　　)수준은 되었습니다.

징검다리 가운데 2學年(　　) 학생이 서 있었습니다.

싸움은 7年(년)이나 걸렸지만 왜군은 바다에서는 이순신 때문에 꼼짝하지 못하였습니다.

✿ 다음 한자의 음과 뜻을 익히고 써보세요.

月

달 월

부수	획수
月	0

○ 글자 풀이   **◑ 상형(象形)문자**

산의 저편에서 나오는 초승달의 모습을 본떴다.

○ 응용 단어

月下(월하) 달빛이 비치는 아래
月間(월간) 한 달 동안, 달과 달 사이
六月(유월) 열두달 가운데 여섯째 달

필순	丿 几 月 月					
月	月					
달 월						

✿ 다음 한자의 음을 쓰세요.

이모는 六月(　　)에 결혼을 하십니다.

月下(　　)에 한 노인이 나무에 기대어 있었습니다.

할머니께서 가장 좋아하시는 계절인 푸르른 5月(월)이 왔습니다.

❀ 다음 한자의 음과 뜻을 익히고 써보세요.

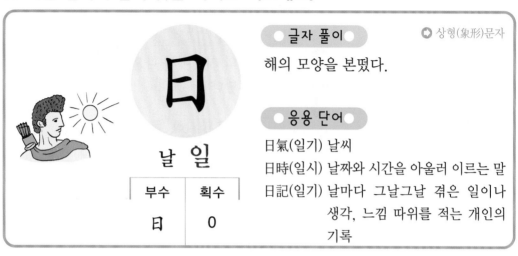

글자 풀이 　　🔵 상형(象形)문자

해의 모양을 본떴다.

응용 단어

日氣(일기) 날씨
日時(일시) 날짜와 시간을 아울러 이르는 말
日記(일기) 날마다 그날그날 겪은 일이나 생각, 느낌 따위를 적는 개인의 기록

날 일

부수	획수
日	0

필순	ㅣ ㄇ ㄇ 日					
日	日					
날 일						

❀ 다음 한자의 음을 쓰세요.

日氣(　　)예보에서 내일부터 따뜻해질 거라고 했습니다.

어제는 깜박하고 日記(　　)를 쓰지 못 했습니다.

모이는 뜻과 日時(일시)만 알렸으니, 어디로 모이란 말인가?

❀ 다음 한자의 음과 뜻을 익히고 써보세요.

時

때 시

부수	획수
日	6

○ 형성(形聲)문자

글자 풀이

태양(日)이 일한다(寺)는 것은 시간이 경과한다는 것으로 시간의 길이(時)를 의미한다.

응용 단어

時間(시간) 세월의 흐름
時空(시공) 시간과 공간
時世(시세) 그 때의 세상

필순	丨	冂	冃	日	日ˉ	日⁺	旷	旹	時	時

時	時				
때 시					

❀ 다음 한자의 음을 쓰세요.

우리는 時空(   )을 초월하는 공상 과학 영화를 많이 봅니다.

어린아이들은 아직 時世(   )를 파악하질 못합니다.

셋째는 모이는 날짜와 時間(시간)을 알려주세요.

⊘ 확인학습 5 ⊘

1 다음 한자의 訓(훈;뜻)과 音(음;소리)을 쓰세요.

(1) 時　(2) 日　(3) 年　(4) 月

2 다음 괄호 안 한자(漢字)의 音(음;소리)을 쓰세요.

(1) 2002(年)에 한국에서 월드컵 경기가 열렸습니다.

(2) 5(月)에는 어린이날이 있습니다.

(3) 8월 15(日)에 광복이 되었습니다.

(4) 오후 6(時)에 저녁을 먹습니다.

3 다음 (　) 안의 말에 해당하는 漢字(한자)를 〈보기〉에서 골라 그 번호를 쓰세요.

보기	① 時　② 年　③ 日　④ 月

(1) 여덟 살 되는 (해)에 입학했습니다.

(2) 서로 만나기로 하고 (날)을 정했습니다.

(3) 공부 재미에 두 (달)이 금방 지나갔습니다.

(4) 뛰어 놀다 보니 밥 먹을 (때)가 되었습니다.

4 다음 漢字語(한자어)의 讀音(독음; 읽는 소리)과 뜻을 쓰세요.

(1) 時年

(2) 月日

★ 다음 漢字(한자)를 필순에 맞게 여러 번 써 보세요.

年　　月　　日　　時

❀ 다음 한자의 음과 뜻을 익히고 써보세요.

글자 풀이 ➲ 상형(象形)문자

도끼를 갖고 짐승을 잡으러 가는 어른의 모습에서, 그 집의 주인이므로 아버지(父)를 의미한다.

응용 단어

父子(부자) 아버지와 아들
父母(부모) 아버지와 어머니
家父(가부) 아버지

아비 부

부수	획수
父	0

필순	′ ′′ ′′ 父				
父 父					
아비 부					

❀ 다음 한자의 음을 쓰세요.

우리 父子(　　)는 누가 봐도 똑같이 생겼습니다.

오늘은 家父(　　)님과 할아버지 제사를 지냈습니다.

父母(부모)님께 하는 효도는 항상 감사하는 마음을 가지고 기쁘게 해 드리면 되는 거야.

✾ 다음 한자의 음과 뜻을 익히고 써보세요.

母

어미 모:

부수	획수
毋	1

글자 풀이 ● 지사(指事)문자

여인이 성장하여 성인이 되면 젖무덤이 붙는 형태가 되어 엄마, 어머니(母)를 의미한다.

응용 단어

母女(모녀) 어머니와 딸
食母(식모) 남의 집에 고용되어 주로 부엌 일을 맡아 하는 여자

필순	乚 毋 毋 母 母				
母	母				
어미 모					

✾ 다음 한자의 음을 쓰세요.

그 집 母女(　　)는 늘 사이가 좋습니다.

신데렐라는 매일 食母(　　)처럼 집 안일을 해야 했습니다.

이와 같이 父母(부모)님께 하는 효도는 쉽고 가까운 데 있어서 누구나 다 알고 있단다.

✿ 다음 한자의 음과 뜻을 익히고 써보세요.

兄

형 형

부수	획수
儿	3

⬤ 회의(會意)문자

● 글자 풀이

먼저 태어나 걸음마(儿)를 하고 어린 사람에게 말(口)로 지시를 하는 윗사람(兄)을 의미한다.

● 응용 단어

學父兄(학부형) 학생의 아버지나 형
長兄(장형) 맏형
女兄(여형) 손위의 누이

필순	ㅣ ㅁ ㅁ 尸 兄				
兄	兄				
형 형					

✿ 다음 한자의 음을 쓰세요.

어제 長兄(　　)이 결혼식을 올렸습니다.

學父兄(　　)이 나무 아래에서 쉬고 있습니다.

우리는 한 겨레, 한 兄弟(형제)입니다.

❀ 다음 한자의 음과 뜻을 익히고 써보세요.

글자 풀이

● 상형(象形)문자

끈을 위에서 밑으로 빙빙 감듯이 차례 차례 태어나는 남동생(弟)을 의미한다.

弟

아우 제:

부수	획수
弓	4

응용 단어

弟子(제자) 선생에게 배우는 사람들
子弟(자제) 남의 아들을 높여 이르는 말
三兄弟(삼형제) 아들이 세 명

필순	` ゛ ゛ ゛ ゛ ゛ 弟 弟				
弟 아우 제	弟				

❀ 다음 한자의 음을 쓰세요.

옛날 아기돼지 三兄弟(　　　)가 살았습니다.

공자 선생님께는 많은 弟子(　　　)가 있었습니다.

우리는 한 겨레, 한 兄弟(형제)입니다.

1 다음 한자의 訓(훈;뜻)과 흠(음;소리)을 쓰세요.

(1) 兄　　(2) 母　　(3) 父　　(4) 弟

2 다음 괄호 안 한자(漢字)의 흠(음;소리)을 쓰세요.

(1) 철수 (父)모님이 떡을 사 주셨습니다.

(2) 사(弟)지간에는 지켜야 할 도리가 있습니다.

(3) (母)녀가 함께 건강 검진을 합니다.

(4) 큰 (兄)과 함께 공을 찼습니다.

3 다음 (   ) 안의 말에 해당하는 漢字(한자)를 〈보기〉에서 골라 그 번호를 쓰세요.

보기 　　　　① 母　　② 弟　　③ 父　　④ 兄

(1) (아버지)는 낚시를 좋아 하십니다.

(2) (어머니)는 요리하는 것이 취미입니다.

(3) 삼촌은 저보고 (맏이) 노릇을 하라고 말씀하십니다.

(4) (아우)라는 말은 주로 남동생을 지칭합니다.

4 다음 漢字語(한자어)의 讀音(독음; 읽는 소리)과 뜻을 쓰세요.

(1) 父母

(2) 兄弟

⭐ 다음 漢字(한자)를 필순에 맞게 여러 번 써 보세요.

父　　母　　兄　　弟

❀ 다음 한자의 음과 뜻을 익히고 써보세요.

學

배울 학

부수	획수
子	13

◐ 형성(形聲)문자

글자 풀이

아이들(子)이 서당(冖)에서 두 손으로 책을 잡고(臼) 스승을 본받으며(爻) 글을 배운다는 데서, '배우다'는 의미이다.

응용 단어

道學(도학) 유교 도덕에 관한 학문
工學(공학) 공업을 연구하는 학문
學名(학명) 학문으로 떨친 이름

필순	` ′ ′ ′ ′ ′ ′ ′ ′ ′ ′ ′ ′ 學 學 學 學 學
學	學					
배울 학						

❀ 다음 한자의 음을 쓰세요.

앞으로 工學(　　)을 공부하고 싶습니다.

道學(　　)을 연구하는 동아리에 들었습니다.

집과 學校(학교)의 거리가 가깝습니다.

❀ 다음 한자의 음과 뜻을 익히고 써보세요.

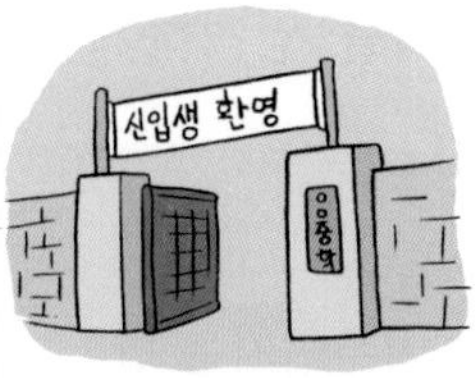

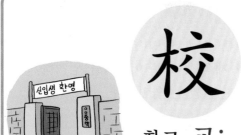

校

학교 교:

부수	획수
木	6

글자 풀이 ➔ 형성(形聲)문자

나무(木)를 엇갈리게(交) 해서 만든 도구를 의미하는 것으로 공부하는 학교(校)의 의미이다.

응용 단어

校內(교내) 학교의 안
母校(모교) 자기가 다니거나 졸업한 학교
學校(학교) 학생에게 교육을 실시하는 기관

필순	一 十 才 木 朩 朩 杧 柼 校 校					
校	校					
학교 교						

❀ 다음 한자의 음을 쓰세요.

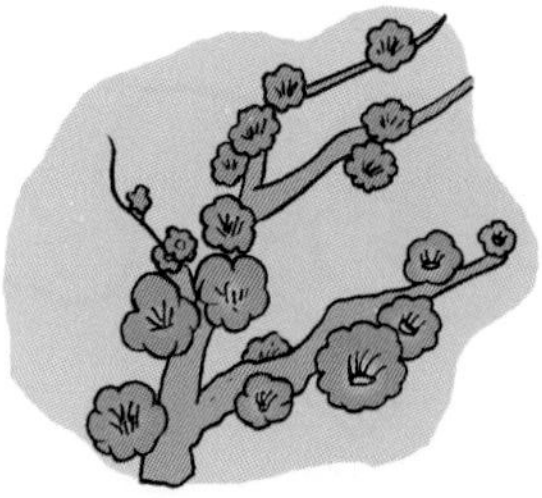

우리 母校(　　)의 교화는 매화입니다.

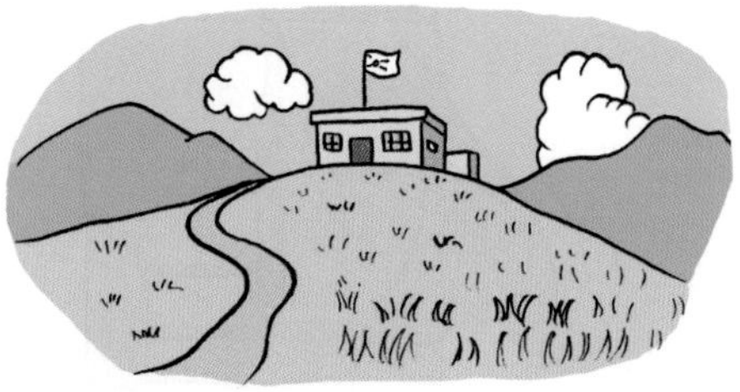

우리 學校(　　)는 산 위에 있습니다.

한길을 건너고 學校(학교) 운동장을 거쳐서 냇물, 보리밭 그리고 눈부신 동산…

❀ 다음 한자의 음과 뜻을 익히고 써보세요.

글자 풀이 ◗ 형성(形聲)문자

어른(老)과 아이(子)가 뒤섞여서, 어른이 채찍(攵)으로 어린이를 엄격하게 가르친다(教)는 의미이다.

응용 단어

教室(교실) 학습 활동이 이루어지는 방
教人(교인) 종교를 가지고 있는 사람
下教(하교) 윗사람이 아랫사람에게 가르침을 베풂

가르칠 교:

부수	획수
攵(攴)	7

필순	ノ × × 爻 爻 孝 孝 敎 敎 敎 教
教	教				
가르칠 교					

❀ 다음 한자의 음을 쓰세요.

教室(　　　)에 새 커튼을 달았습니다.

저로서는 도무지 알 수 없으니 下教(　　　)하여 주시기 바랍니다.

선생님은 教室(교실)에 혼자 계셨습니다.

❀ 다음 한자의 음과 뜻을 익히고 써보세요.

室

집 실

부수	획수
宀	6

글자 풀이 ◐ 형성(形聲)문자

사람이 잠자는 침실은 집(宀) 안쪽에 있는(至) 것에서 방, 거처(室)를 의미한다.

응용 단어

家室(가실) 집 안이나 안방
室長(실장) 부서의 우두머리
室內(실내) 방이나 건물의 안

필순	` 丶 宀 宀 宑 宑 宲 宰 室				
室	室				
집 실					

❀ 다음 한자의 음을 쓰세요.

室內(　　　)에서 공을 차면 안 됩니다.

어머니는 室長(　　　)으로 승진하셨습니다.

선생님은 敎室(교실)에 혼자 계셨습니다.

1 다음 한자의 訓(훈;뜻)과 音(음;소리)을 쓰세요.

(1) 學 (2) 敎 (3) 校 (4) 室

2 다음 괄호 안 한자(漢字)의 音(음;소리)을 쓰세요.

(1) 학(校) 생활이 즐겁습니다.

(2) 운동장에 (學)생들이 모여 있습니다.

(3) 모두 함께 교(室) 청소를 합니다.

(4) (敎)육은 나라의 인재를 기르는 일입니다.

3 다음 ( ) 안의 말에 해당하는 漢字(한자)를 〈보기〉에서 골라 그 번호를 쓰세요.

보기   ① 室   ② 學   ③ 校   ④ 敎

(1) 어머니는 (집)에서 화초를 가꾸고 계십니다.

(2) (배움)에는 남녀노소가 따로 없습니다.

(3) (학교)에서 수업을 받습니다.

(4) 선생님은 (가르치는) 일이 즐겁다고 하십니다.

4 다음 漢字語(한자어)의 讀音(독음; 읽는 소리)과 뜻을 쓰세요.

(1) 學校

(2) 敎室

⭐ 다음 漢字(한자)를 필순에 맞게 여러 번 써 보세요.

學　校　敎　室

※ 다음 한자의 음과 뜻을 익히고 써보세요.

글자 풀이 ◎ 회의(會意)문자

논농사는 힘드는 것으로 남자 일이기에 논(田)과 힘(力)을 합쳐 사나이(男)라는 의미이다.

男

사내 남

부수	획수
田	2

응용 단어

男女(남녀) 남자와 여자
男學生(남학생) 남자 학생
二男(이남) 둘째 아들

필순	ㅣ 冂 曱 甲 田 甲 男				
男 사내 남	男				

※ 다음 한자의 음을 쓰세요.

매일 자전거를 타고 지나가던 그 男學生( )이 오늘은 보이지 않았습니다.

요즘은 핵가족화가 되면서 대부분 長男( )이면서 막내인 경우가 많습니다.

男子(남자)답게 씩씩한 걸음걸이

❀ 다음 한자의 음과 뜻을 익히고 써보세요.

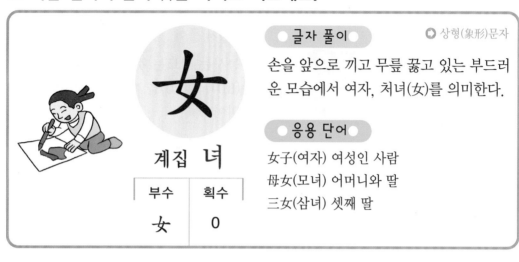

글자 풀이 ◐ 상형(象形)문자

손을 앞으로 끼고 무릎 꿇고 있는 부드러운 모습에서 여자, 처녀(女)를 의미한다.

응용 단어

女子(여자) 여성인 사람
母女(모녀) 어머니와 딸
三女(삼녀) 셋째 딸

계집 녀

부수	획수
女	0

필순	ㄑ ㄣ 女				
女	女				
계집 녀					

❀ 다음 한자의 음을 쓰세요.

三女(   )가 유치원에 입학했습니다.

옆집에 예쁜 女子(   )아이가 이사를 왔습니다.

사진에는 옥이만한 女子(여자)아이가 있었습니다.

�֍ 다음 한자의 음과 뜻을 익히고 써보세요.

●글자 풀이   ● 형성(形聲)문자

밖에서 건물 안(冂)으로 들어오는(入) 것에서 들어가다, 안, 속(內)을 의미한다.

●응용 단어

道內(도내) 도의 안
內國(내국) 자기 나라, 제 나라 안
內室(내실) 안방, 아낙네가 거처하는 방

안 내:

부수	획수
入	2

필순	丨 冂 冂 內				
內	內				
안 내					

✖ 다음 한자의 음을 쓰세요.

서울 市內(   )에는 커다란 건물들이 많이 있습니다.

시간이 되자 場內(   ) 아나운서가 각 팀의 농구 선수들을 소개하였습니다.

> 큰 자동차에는 市內(시내)버스와 市外(시외)버스가 있고, 고속도로에서만 다니는 고속버스가 있습니다.

✿ 다음 한자의 음과 뜻을 익히고 써보세요.

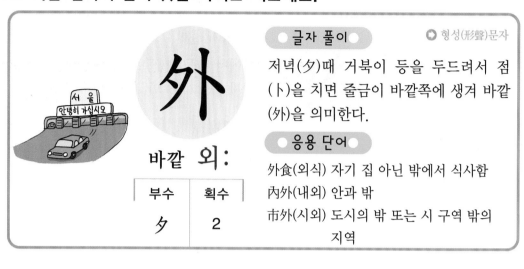

● 형성(形聲)문자

글자 풀이

저녁(夕)때 거북이 등을 두드려서 점(卜)을 치면 줄금이 바깥쪽에 생겨 바깥(外)을 의미한다.

응용 단어

外食(외식) 자기 집 아닌 밖에서 식사함
內外(내외) 안과 밖
市外(시외) 도시의 밖 또는 시 구역 밖의 지역

바깥 외:

부수	획수
夕	2

필순	´ ク タ タ 外 外				
外 外					
바깥 외					

✿ 다음 한자의 음을 쓰세요.

백일장에서 상을 탄 기념으로 外食(   )을 했습니다.

부모님과 함께 주말에 市外(   )로 소풍을 갔습니다.

옥이는 엄마와 함께 外家(외가)집에 놀러 갔습니다.

1 다음 한자의 訓(훈;뜻)과 흡(음;소리)을 쓰세요.

(1) 外　(2) 男　(3) 內　(4) 女

2 다음 괄호 안 한자(漢字)의 흡(음;소리)을 쓰세요.

(1) 교(外)에 커다란 육교가 있습니다.

(2) (女)학생들이 무용 연습을 하고 있습니다.

(3) 실(內)에서는 조용해야 합니다.

(4) (男)자와 여자가 있습니다.

3 다음 ( ) 안의 말에 해당하는 漢字(한자)를 〈보기〉에서 골라 그 번호를 쓰세요.

보기 ① 女　② 外　③ 內　④ 男

(1) (계집)은 순 우리말입니다.

(2) 아버지는 (사내)는 씩씩해야 한다고 말씀하십니다.

(3) 어머니와 집(안) 청소를 했습니다.

(4) 교실 (밖) 화단에 꽃이 피었습니다.

4 다음 漢字語(한자어)의 讀音(독음; 읽는 소리)과 뜻을 쓰세요.

(1) 男女

(2) 內外

⭐ 다음 漢字(한자)를 필순에 맞게 여러 번 써 보세요.

男　女　內　外

�kh\ 다음 한자의 음과 뜻을 익히고 써보세요.

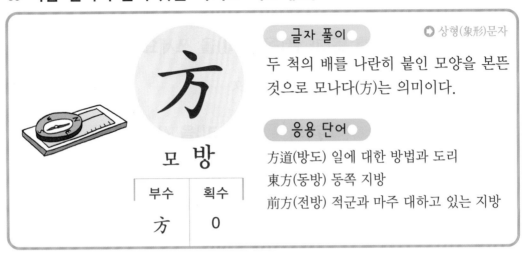

글자 풀이 ◯ 상형(象形)문자

두 척의 배를 나란히 붙인 모양을 본뜬 것으로 모나다(方)는 의미이다.

응용 단어

方道(방도) 일에 대한 방법과 도리
東方(동방) 동쪽 지방
前方(전방) 적군과 마주 대하고 있는 지방

모 방

부수	획수
方	0

필순	﹑ 一 ㇗ 方					
方	方					
모 방						

✿ 다음 한자의 음을 쓰세요.

우리 오빠는 前方(   )을 지키는 군인입니다.

그렇게 걱정만 하지 말고 어떤 方道(   )를 찾아봐야 하지 않느냐?

四方(사방)을 둘러 보며

❀ 다음 한자의 음과 뜻을 익히고 써보세요.

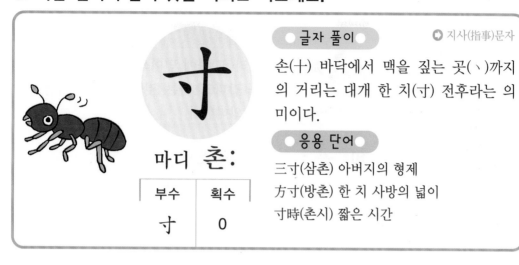

마디 촌:

● 글자 풀이   ◑ 지사(指事)문자

손(十) 바닥에서 맥을 짚는 곳(丶)까지의 거리는 대개 한 치(寸) 전후라는 의미이다.

● 응용 단어

三寸(삼촌) 아버지의 형제
方寸(방촌) 한 치 사방의 넓이
寸時(촌시) 짧은 시간

부수	획수
寸	0

필순	一 寸 寸					
寸	寸					
마디 촌						

❀ 다음 한자의 음을 쓰세요.

단상에 오르니 三寸(　　　)보다 제가 더 커 보입니다.

三寸(　　　)과 함께 자전거를 탔습니다.

할아버지, 할머니, 아버지, 어머니, 三寸(삼촌)이 계십니다.

❀ 다음 한자의 음과 뜻을 익히고 써보세요.

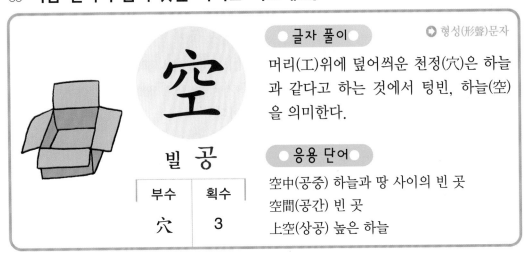

● 형성(形聲)문자

글자 풀이

머리(工)위에 덮어씌운 천정(穴)은 하늘과 같다고 하는 것에서 텅빈, 하늘(空)을 의미한다.

응용 단어

空中(공중) 하늘과 땅 사이의 빈 곳
空間(공간) 빈 곳
上空(상공) 높은 하늘

빌 공

부수	획수
穴	3

필순	丶　丶　宀　宀　灾　灾　空　空					
空 빌 공	空					

❀ 다음 한자의 음을 쓰세요.

서커스단의 空中(　　) 곡예를 볼 때면 가슴이 두근거립니다.

空軍(　　)아저씨들이 비행기로 공중에서 묘기를 부립니다.

나라를 위해 싸우다가 전사한 육군·海軍(해군)·空軍(공군) 장병들이나 경찰관들이 묻혀 있는 것을 알았습니다.

🍀 다음 한자의 음과 뜻을 익히고 써보세요.

間

사이 간(:)

부수	획수
門	4

글자 풀이
● 회의(會意)문자

닫혀있는 문(門) 사이로 아침 해(日)가 비추어오는 형태에서 사이, 틈(間)을 의미한다.

응용 단어

中間(중간) 두 사물의 사이
民間(민간) 백성들 사이
空間(공간) 무한하게 퍼져 있는 빈 곳

필순	丨	冂	冂	冃	冃	門	門	門	門	門	間	間
間	間					
사이 간						

🍀 다음 한자의 음을 쓰세요.

책상 옆에 작은 空間(　　)에 화분 하나를 놓았더니 방안 분위기가 환해졌습니다.

나는 시험 보는 中間(　　)에 갑자기 화장실이 가고 싶어졌습니다.

날짜와 時間(시간)은 분명한데 모이는 곳을 알 수가 있어야지

1 다음 한자의 訓(훈;뜻)과 音(음;소리)을 쓰세요.

(1) 空　(2) 寸　(3) 方　(4) 間

2 다음 괄호 안 한자(漢字)의 音(음;소리)을 쓰세요.

(1) 기러기가 (空)중을 날아갑니다.

(2) 삼(寸)은 대학교 강사이십니다.

(3) 사(方)에서 지원군이 몰려 왔습니다.

(4) 시(間) 약속을 잘 지킵니다.

3 다음 (　) 안의 말에 해당하는 漢字(한자)를 〈보기〉에서 골라 그 번호를 쓰세요.

> 보기
>
> ① 間　② 寸　③ 空　④ 方

(1) 우리 (사이)는 매우 좋습니다.

(2) 형님은 시간의 (마디)도 아끼며 공부합니다.

(3) 가구 하나 없는 (빈)방입니다.

(4) 지구를 네(모)꼴이라 생각했고 동서남북을 사방이라 불렀습니다.

4 다음 漢字語(한자어)의 讀音(독음; 읽는 소리)과 뜻을 쓰세요.

(1) 方寸

(2) 空間

⭐ 다음 漢字(한자)를 필순에 맞게 여러 번 써 보세요.

方　寸　空　間

※ 다음 한자의 음과 뜻을 익히고 써보세요.

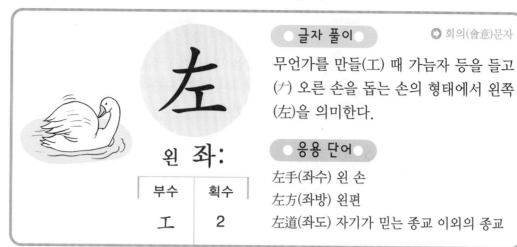

글자 풀이

○ 회의(會意)문자

무언가를 만들(工) 때 가늠자 등을 들고 (广) 오른 손을 돕는 손의 형태에서 왼쪽 (左)을 의미한다.

응용 단어

左手(좌수) 왼 손
左方(좌방) 왼편
左道(좌도) 자기가 믿는 종교 이외의 종교

왼 좌:

부수	획수
工	2

필순	一 ナ ナ 左 左					
左	左					
왼 좌						

※ 다음 한자의 음을 쓰세요.

학교의 左方(　　)에 새로운 체육관을 세울 것입니다.

이번 결과에 동의하시면 左手(　　)를 들어 주시기 바랍니다.

전라도 앞바다를 지키는 左水(좌수)사가 된 이순신은 여수에 있는 좌수영으로 부임하였습니다.

❀ 다음 한자의 음과 뜻을 익히고 써보세요.

글자 풀이

● 형성(形聲)문자

밥을 먹을 때 음식물을 입(口)으로 나르(ナ)는 손의 모습에서 오른쪽(右)을 의미한다.

오른 우:

부수	획수
口	2

응용 단어

左右(좌우) 왼쪽과 오른쪽
右方(우방) 오른편
右手(우수) 오른 손

필순	ノ ナ ナ 右 右				
右 右					
오른 우					

❀ 다음 한자의 음을 쓰세요.

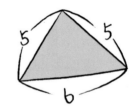

영수는 左右(　　)로 팔을 뻗어 벌을 받고 있습니다.

정면과 右(　)면과 左(　)면이 모두 대칭을 이루도록 신경 써 주십시오.

6·25때에 우리의 右方(우방)들이 군사를 보내 왔습니다.

✿ 다음 한자의 음과 뜻을 익히고 써보세요.

글자 풀이
❍ 상형(象形)문자

하늘과 땅과 인간(三)을 통치하는(|) 임금(王)을 의미한다.

응용 단어

王家(왕가) 왕의 집안
國王(국왕) 나라의 임금
女王(여왕) 여자 임금

임금 왕

부수	획수
王(玉)	0

필순	一 二 干 王				
王	王				
임금 왕					

✿ 다음 한자의 음을 쓰세요.

모란은 화려한 모습 때문에 꽃의 女王( )이라고 불려집니다.

심청이가 탄 연꽃은 國王( )에게로 전해졌습니다.

"天王(천왕)님, 저희는 사람이 되고 싶어 찾아왔습니다."

❀ 다음 한자의 음과 뜻을 익히고 써보세요.

글자 풀이 ➡ 지사(指事)문자

사람이 서 있는 모양을 본떴다.

응용 단어

自立(자립) 스스로 섬
道立(도립) 도에서 세움
立場(입장) 당면하고 있는 상황
中立(중립) 가운데 섬. 치우치지 아니함
直立(직립) 꼿꼿하게 바로 섬

立
설 립

부수	획수
立	0

필순	丶 ㅗ ㅗ ㅎ 立
立 立	
설 립	

❀ 다음 한자의 음을 쓰세요.

바람이 세게 불어 直立(　　)하기가 어렵습니다.

많은 사업가들이 自立(　　)하여 공장을 세웠습니다.

할아버지와 나는 國立(국립)묘지를 한 바퀴 돌았습니다.

1 다음 한자의 訓(훈;뜻)과 音(음;소리)을 쓰세요.

(1) 右　　(2) 立　　(3) 王　　(4) 左

2 다음 괄호 안 한자(漢字)의 音(음;소리)을 쓰세요.

(1) 도로에서 (左)회전 신호를 기다립니다.

(2) (右)측 보행을 실시하고 있습니다.

(3) 세종대(王)께서 훈민정음을 반포하셨습니다.

(4) 시(立)도서관에서 책을 빌렸습니다.

3 다음 ( ) 안의 말에 해당하는 漢字(한자)를 〈보기〉에서 골라 그 번호를 쓰세요.

보기　　①王　　②左　　③立　　④右

(1) 백성들은 덕이 많은 (임금)을 사랑했습니다.

(2) (오른)쪽으로 돌자 큰 길이 나타났습니다.

(3) 나라에서 (세운) 대학입니다.

(4) (왼)쪽 길은 지름길입니다.

4 다음 漢字語(한자어)의 讀音(독음; 읽는 소리)과 뜻을 쓰세요.

(1) 左右

(2) 王立

⭐ 다음 漢字(한자)를 필순에 맞게 여러 번 써 보세요.

左　　右　　王　　立

❀ 다음 한자의 음과 뜻을 익히고 써보세요.

글자 풀이

◉ 지사(指事)문자

중앙에 선을 한(一) 줄 쓰고 그 위에 표시한 점(卜)의 모양에서 위(上)를 의미한다.

응용 단어

上空(상공) 높은 하늘

上記(상기) 위에 적음, 또는 그 글귀

上水道(상수도) 도시의 음료수를 계통적으로 급수하는 설비

윗 상:

부수	획수
一	2

필순	丨 卜 上					
上 윗 상	上					

❀ 다음 한자의 음을 쓰세요.

上水道(　　　)를 보호하기 위해 폐수 따위를 함부로 버려서는 안 됩니다.

上記(　　　) 사실은 틀림이 없음을 증명합니다.

난 이 世上(세상)에서 무서운 것이 하나도 없어.

✿ 다음 한자의 음과 뜻을 익히고 써보세요.

글자 풀이   ◑ 지사(指事)문자

가로선을 한(一)줄 긋고, 그 아래에 표시 (卜)를 한 형태로 아래(下)를 의미한다.

응용 단어

下山(하산) 산에서 내려가거나 내려옴
下校(하교) 공부를 끝내고 학교에서 집으로 돌아옴
南下(남하) 남쪽으로 내려감

아래 하 :

부수	획수
一	2

필순	一 丁 下					
下	下					
아래 하						

✿ 다음 한자의 음을 쓰세요.

금숙이는 下校(　　)하는 길에 친구들 과 떡볶이를 먹기로 했습니다.

홍길동은 도사에게 도술을 다 배우고 下山(　　)을 하였습니다.

기차역으로 가실 분은 여기서 下車(하차)해 주시기 바랍 니다.

❀ 다음 한자의 음과 뜻을 익히고 써보세요.

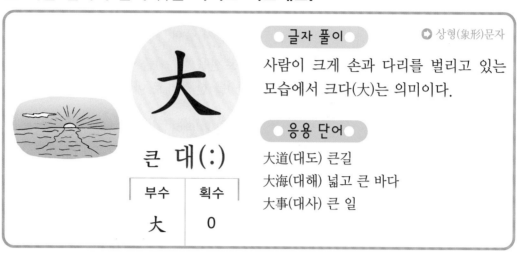

● 글자 풀이 　　　◐ 상형(象形)문자

사람이 크게 손과 다리를 벌리고 있는 모습에서 크다(大)는 의미이다.

● 응용 단어

大道(대도) 큰길
大海(대해) 넓고 큰 바다
大事(대사) 큰 일

큰 대(:)

부수	획수
大	0

필순	一 ナ 大				
大	大				
큰 대					

❀ 다음 한자의 음을 쓰세요.

누나의 결혼이라는 大事(　　)를 잘 치러냈습니다.

배를 타고 넓은 大海(　　)로 나갔습니다.

경희 소리만 들리지 않았다면 벌써 大門(대문)을 열고 나갔을 겁니다.

✿ 다음 한자의 음과 뜻을 익히고 써보세요.

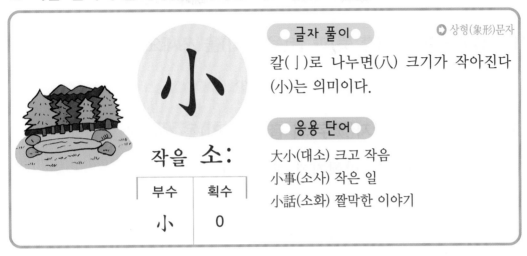

● 글자 풀이　　　　　● 상형(象形)문자

칼(ﾉ)로 나누면(八) 크기가 작아진다
(小)는 의미이다.

● 응용 단어

大小(대소) 크고 작음
小事(소사) 작은 일
小話(소화) 짤막한 이야기

작을 소:

부수	획수
小	0

필순	ﾉ 亅 小				
小	小				
작을 소					

✿ 다음 한자의 음을 쓰세요.

창완이는 小事(　　)에도 화를 냅니다.

웅변대회에서 쓸 小話(　　)를 만들고 있습니다.

철수는 천자문을 다 배우고 이제 小學(소학)을 공부하고 있습니다.

1 다음 한자의 訓(훈;뜻)과 音(음;소리)을 쓰세요.

(1) 上　(2) 大　(3) 下　(4) 小

2 다음 괄호 안 한자(漢字)의 音(음;소리)을 쓰세요.

(1) (上)공을 나는 비행기가 보입니다.

(2) (小)사에 화를 내면 안 됩니다.

(3) 지(下)철을 타러 갑니다.

(4) (大)한민국 만세를 외쳤습니다.

3 다음 (　) 안의 말에 해당하는 漢字(한자)를 〈보기〉에서 골라 그 번호를 쓰세요.

> 보기　　① 小　② 上　③ 下　④ 大

(1) 건물 (아래)에 주차장이 있습니다.

(2) 도로 (위)에 다리가 있습니다.

(3) 우리 학교 뒤에는 (큰) 산이 있습니다.

(4) (작은) 동물이라고 무시하면 안 됩니다.

4 다음 漢字語(한자어)의 讀音(독음; 읽는 소리)과 뜻을 쓰세요.

(1) 上下

(2) 大小

⭐ 다음 漢字(한자)를 필순에 맞게 여러 번 써 보세요.

上　下　大　小

❀ 다음 한자의 음과 뜻을 익히고 써보세요.

韓

한국 한(:)

부수	획수
韋	8

● 형성(形聲)문자

● 글자 풀이

해가 돋는(卓) 동방의 위대한(韋) 나라인 한국(韓)이란 의미이다.

● 응용 단어

韓食(한식) 한국식의 음식
韓方(한방) 중국에서 발달하여 우리나라에 전래된 의술
韓人(한인) 외국에 나가 살고 있는 한국 사람

필순	一 十 十 古 古 古 直 卓 卓 卓 韓 韓 韓 韓 韓 韓
韓	韓				
한국 한					

❀ 다음 한자의 음을 쓰세요.

우리 형은 韓食(　　) 요리사가 꿈입니다.

어머니께서 韓方(　　) 약재를 사오셨습니다.

北韓(북한) 공산군이 쳐 들어왔습니다.

❀ 다음 한자의 음과 뜻을 익히고 써보세요.

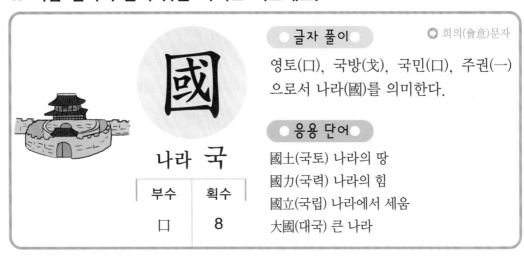

글자 풀이   ▶ 회의(會意)문자

영토(口), 국방(戈), 국민(口), 주권(一)으로서 나라(國)를 의미한다.

응용 단어

國土(국토) 나라의 땅
國力(국력) 나라의 힘
國立(국립) 나라에서 세움
大國(대국) 큰 나라

國

나라 국

부수	획수
口	8

필순	丨 冂 冂 冋 冋 冋 冋 國 國 國 國
國 나라 국	國				

❀ 다음 한자의 음을 쓰세요.

여름방학동안 國土(　　) 순례에 참가했습니다.

선생님은 國力(　　)을 길러야 한다고 말씀하십니다.

나는 오늘 할아버지를 따라 동작동에 있는 國立(국립)묘지에 갔습니다.

✿ 다음 한자의 음과 뜻을 익히고 써보세요.

漢

한수 한:

부수	획수
氵(水)	11

● 형성(形聲)문자

글자 풀이

원래 큰 불로 태운 밭의 흙인데, 메마른 하천의 의미가 되고, 후에 중국의 나라 이름이 되었다.

응용 단어

漢學(한학) 한어에 관한 학문, 한문학
漢江(한강) 한국의 중부, 서울에서 서해로 들어가는 강

필순	` ˋ 冫 氵 氵 浐 浐 浐 浐 浐 渵 漢 漢

漢	漢				
한수 한					

✿ 다음 한자의 음을 쓰세요.

지난 주말에 漢江(　　　) 유람선을 타고 놀았습니다.

할아버지께서는 漢學(　　　)을 공부하셨습니다.

漢江(한강)다리가 끊어졌습니다.

다음 한자의 음과 뜻을 익히고 써보세요.

글자 풀이

○ 형성(形聲)문자

물(水)이 오랜 세월 흐르면서 만든(工) 것이 강(江)이란 의미이다.

응용 단어

江南(강남) 강의 남쪽
江山(강산) 강과 산, 자연의 경치
長江(장강) 길고 큰 강

강 강

부수	획수
氵(水)	3

필순	丶 丶 氵 氵 江 江

江	江				
강 강					

다음 한자의 음을 쓰세요.

우리나라 江山(　　　)은 아름답습니다.

漢江(　　　) 강가에 많은 강태공들이 낚시를 하고 있습니다.

江(강)이나 바다를 다니는 배가 있습니다.

1 다음 한자의 訓(훈;뜻)과 音(음;소리)을 쓰세요.

(1) 江   (2) 國   (3) 漢   (4) 韓

2 다음 괄호 안 한자(漢字)의 音(음;소리)을 쓰세요.

(1) 외국인도 (韓)옥을 좋아합니다.

(2) (江)변에 아파트를 지었습니다.

(3) (漢)강에 유람선이 떠 있습니다.

(4) 모든 (國)민이 좋아하는 노래입니다.

3 다음 ( ) 안의 말에 해당하는 漢字(한자)를 〈보기〉에서 골라 그 번호를 쓰세요.

| 보기 | ① 韓   ② 江   ③ 國   ④ 漢 |

(1) 낙동(강)의 길이를 보통 칠백리라고 합니다.

(2) 여러 (나라)의 국기가 게양대에 걸려 있습니다.

(3) (한)강은 물이름이고, 한나라의 '한' 은 나라이름입니다.

(4) (한)국은 우리나라 이름입니다.

4 다음 漢字語(한자어)의 讀音(독음; 읽는 소리)과 뜻을 쓰세요.

(1) 韓國

(2) 漢江

★ 다음 漢字(한자)를 필순에 맞게 여러 번 써 보세요.

韓   國   漢   江

❀ 다음 한자의 음과 뜻을 익히고 써보세요.

● 회의(會意)문자

글자 풀이

자식(子)이 나이든 부모(耂)를 등에 진 형태에서 효도하다(孝)라는 의미이다.

효도 효 :

부수	획수
子	4

응용 단어

不孝(불효) 효도를 하지 않음
孝子(효자) 부모를 잘 섬기는 아들
孝道(효도) 부모를 잘 섬기는 도리

필순	一 十 土 耂 耂 孝 孝					
孝	孝					
효도 효						

❀ 다음 한자의 음을 쓰세요.

우리 아빠는 동네에서 孝子(　　)로 소문났습니다.

옛날에는 부모에게 不孝(　　)를 하는 자식은 살던 동네에서 쫓겨났습니다.

마음에도 없는 겉치레만의 孝道(효도)는 효도가 아니니까.

❀ 다음 한자의 음과 뜻을 익히고 써보세요.

글자 풀이　　　　　◉ 형성(形聲)문자

사람(首)이 왔다갔다(辶)하고 있는 곳은 자연히 길(道)이 된다는 의미이다.

응용 단어

人道(인도) 사람이 다니는 길
道中(도중) 길 가운데, 여행길
道場(도장) 검도나 유도, 태권도 등을 가르
치고 연습하는 곳

길 도 :

부수	획수
辶	9

필순	丶	丷	䒑	䒑	产	首	首	首	首	首	渞	渞	道	道

道	道				
길 도					

❀ 다음 한자의 음을 쓰세요.

태권도 道場(　　)에서 우렁찬 기합 소리가 나옵니다.

오늘은 道內(　　) 체육대회가 공설 운동장에서 열립니다.

> "그건 네가 사 드리겠다는 물건보다도 더 귀하고 값진 孝道(효도)라는 거야"

❀ 다음 한자의 음과 뜻을 익히고 써보세요.

글자 풀이 ◐ 회의(會意)문자

옛날 돼지는 그 집(宀)의 재산이기에 그만큼 돼지(豕)는 집(家)에 딸린 가축이었다는 의미이다.

응용 단어

家內(가내) 집안
家世(가세) 집안의 품위와 계통
家門(가문) 집안과 문중

집 가

부수	획수
宀	7

필순	` ´ ㅜ 宀 宁 宇 宇 家 家 家				
家	家				
집 가					

❀ 다음 한자의 음을 쓰세요.

저는 열심히 공부해서 장차 家門(　　) 을 빛낼 훌륭한 사람이 되겠습니다.

우리 집의 家長(　　)은 아빠입니다.

작은 자동차에는 빨리 달리는 경기용 자동차가 있고, 自家(자가)용으로 쓰이는 승용차와 손님을 실어 나르는 택시가 있습니다.

❀ 다음 한자의 음과 뜻을 익히고 써보세요.

글자 풀이 　　　　　　⟳ 상형(象形)문자

두 개의 개폐문의 형태에서 집의 출입구, 문(門)이라는 의미이다.

응용 단어

門前(문전) 문 앞
校門(교문) 학교의 문
東門(동문) 동녘 문
名門(명문) 이름난 학교

문 문

부수	획수
門	0

필순	丨	丨	ﾞ	ﾞ	ﾞ	門	門	門

門	門				
문 문					

❀ 다음 한자의 음을 쓰세요.

흥부는 결국 놀부집 門前(　　)에서 쫓겨났습니다.

형과 나는 名門(　　)출신입니다.

장난감 같은 校門(교문)으로 재잘재잘 떠들며 날아 나오지요.

확인학습 13

1 다음 한자의 訓(훈;뜻)과 音(음;소리)을 쓰세요.

(1) 門　(2) 道　(3) 家　(4) 孝

2 다음 괄호 안 한자(漢字)의 音(음;소리)을 쓰세요.

(1) (門)앞에 대추나무가 있습니다.

(2) 휴일이라 (道)로가 붐빕니다.

(3) 온 (家)족이 동물원에 다녀왔습니다.

(4) (孝)는 사람이 지켜야 할 도리입니다.

3 다음 ( ) 안의 말에 해당하는 漢字(한자)를 〈보기〉에서 골라 그 번호를 쓰세요.

> 보기　① 道　② 孝　③ 門　④ 家

(1) 앞에서 (길)이 두 갈래로 나뉩니다.

(2) 이웃(집) 아주머니가 아기를 낳았습니다.

(3) 예나 지금이나 (효도)는 중요한 덕목입니다.

(4) 나무로 만든 대(문)을 열고 들어갔습니다.

4 다음 漢字語(한자어)의 讀音(독음; 읽는 소리)과 뜻을 쓰세요.

(1) 孝道

(2) 家門

⭐ 다음 漢字(한자)를 필순에 맞게 여러 번 써 보세요.

孝　道　家　門

✽ 다음 한자의 음과 뜻을 익히고 써보세요.

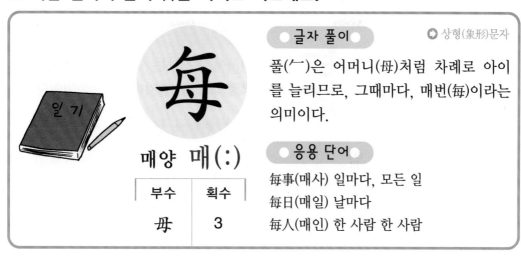

● 상형(象形)문자

글자 풀이

풀(⺧)은 어머니(母)처럼 차례로 아이를 늘리므로, 그때마다, 매번(每)이라는 의미이다.

매양 매(:)

부수	획수
母	3

응용 단어

每事(매사) 일마다, 모든 일
每日(매일) 날마다
每人(매인) 한 사람 한 사람

필순	ノ ⺁ ⺧ 乍 乍 乍 每

每	每				
매양 매					

✽ 다음 한자의 음을 쓰세요.

양치질은 每日每日(   ), 하루에 세 번, 한 번에 3분씩

그렇게 행동하는 데에는 每人(   )마다의 이유가 있을 테니 너무 서운해 하지 말아라.

어머니는 每日(매일) 이웃 마을에 가서 일을 해 주시고 양식을 얻어 오셨습니다.

❀ 다음 한자의 음과 뜻을 익히고 써보세요.

글자 풀이

◉ 상형(象形)문자

제사에 종사하는 사람이 팻말을 손에 든 모양으로 일, 섬기다(事)는 의미이다.

응용 단어

事後(사후) 무슨 일을 치르거나 손댄 뒤
事物(사물) 일과 물건
人事(인사) 남에게 공경하는 뜻으로 하는 예의

일 사:

부수	획수
亅	7

필순	一 ㄱ ㄷ ㅋ ㅋ ㅋ ㅋ ㅋ 事					
事	事					
일 사						

❀ 다음 한자의 음을 쓰세요.

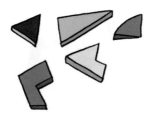

여기에 있는 事物(　　)들의 형태를 보고 어울리는 자리에 놓으시오.

事後(　　)에라도 어떤 말을 듣지 않도록 조심해라.

사나이는 농부에게 작별 人事(인사)를 하고, 자기 집을 향해 떠났습니다.

❀ 다음 한자의 음과 뜻을 익히고 써보세요.

正

바를 정(:)

부수	획수
止	1

● 글자 풀이　　　 **◎ 회의(會意)문자**

목표로 한(一) 곳에 정확히 가서 거기서 딱 멈추는(止) 것에서 올바르다(正)는 의미이다.

● 응용 단어

正門(정문) 정면에 있는 문
正中(정중) 한가운데
正直(정직) 거짓이나 허식이 없이 마음이
　　　　　　　바르고 곧음

필순	一 一 丁 下 正 正				
正	正				
바를 정					

❀ 다음 한자의 음을 쓰세요.

형네 학교 正門(　　　)에는 학교를 상징하는 곰이 세워져 있습니다.

사람이라면 먼저 正直(　　　)해야지 진실성이 있는 것입니다.

正直(정직)하고, 예절 바른 生活(생활), 건강한 생활 등을 들 수가 있지.

❀ 다음 한자의 음과 뜻을 익히고 써보세요.

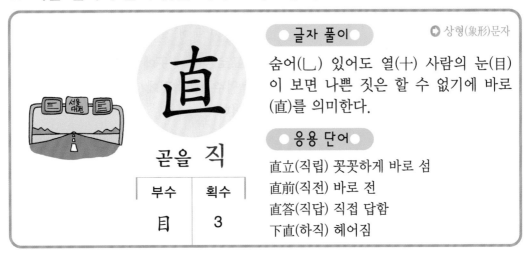

直

곧을 **직**

부수	획수
目	3

글자 풀이   ◐ 상형(象形)문자

숨어(乚) 있어도 열(十) 사람의 눈(目)이 보면 나쁜 짓은 할 수 없기에 바로(直)를 의미한다.

응용 단어

直立(직립) 꼿꼿하게 바로 섬
直前(직전) 바로 전
直答(직답) 직접 답함
下直(하직) 헤어짐

필순	一 十 十 广 古 古 directory 直 直

直	直				
곧을 직					

❀ 다음 한자의 음을 쓰세요.

철수는 부모님께 下直(   ) 인사를 드리고 길을 떠났습니다.

철수는 교실에 들어서기 直前(   )에야 과제물을 가져오지 않은 것을 알고 당황했습니다.

正直(정직)하고, 예절 바른 生活(생활), 건강한 생활 등을 들 수가 있지.

1 다음 한자의 訓(훈;뜻)과 音(음;소리)을 쓰세요.

(1) 正　　(2) 事　　(3) 直　　(4) 每

2 다음 괄호 안 한자(漢字)의 音(음;소리)을 쓰세요.

(1) 우리는 (正)삼각형을 만들었습니다.

(2) 영희는 (每)일 일기를 씁니다.

(3) 아버지는 새로운 (事)업을 시작하셨습니다.

(4) 사람은 (直)립하는 동물입니다.

3 다음 (　) 안의 말에 해당하는 漢字(한자)를 〈보기〉에서 골라 그 번호를 쓰세요.

보기　　　　　① 事　　② 正　　③ 每　　④ 直

(1) 우리 집 강아지는 나를 보면 (매양) 꼬리를 칩니다.

(2) 식구 모두 아버지 (일)이 잘 되기를 기원했습니다.

(3) 철수는 (바른) 생활이 몸에 배어 있습니다.

(4) 이 지역 숲에는 (곧게) 뻗은 대나무가 가득합니다.

4 다음 漢字語(한자어)의 讀音(독음; 읽는 소리)과 뜻을 쓰세요.

(1) 每事

(2) 正直

⭐ 다음 漢字(한자)를 필순에 맞게 여러 번 써 보세요.

每　　事　　正　　直

❀ 다음 한자의 음과 뜻을 익히고 써보세요.

글자 풀이
● 상형(象形)문자

멀리서 본 산의 모양을 본떴다.

응용 단어

山間(산간) 산과 산 사이에 산골짜기가 많은 곳
南山(남산) 남쪽의 산
山名(산명) 산의 이름

메 산

부수	획수
山	0

필순	ㅣ ㅛ 山				
山	山				
메 산					

❀ 다음 한자의 음을 쓰세요.

아버지의 고향은 강원도의 山間(　　)　　南山(　　)에서 약초를 보았습니다.
마을입니다.

> 의용군으로 끌려가지 않으려고 마루 밑에 숨기도 하고 山
> (산)속에 가서 숨기도 했습니다.

❊ 다음 한자의 음과 뜻을 익히고 써보세요.

바다 해:

부수	획수
氵(水)	7

● 형성(形聲)문자

글자 풀이

강물(氵)은 매양(每) 바다(海)로 통한다는 의미이다.

응용 단어

海水(해수) 바닷물
海物(해물) 바다에서 나는 온갖 물건
海外(해외) 바다를 사이에 두고 떨어져 있는 나라

필순	丶 丶 氵 氵 氵 汇 汇 海 海 海 海

海	海				
바다 해					

❊ 다음 한자의 음을 쓰세요.

온갖 海物(　　)을 넣고 맛있는 해물탕을 끓여 먹었습니다.

IMF로 인해서 海外(　　)여행이 점점 줄어들고 있습니다.

육지에서 승리를 거듭하자, 왜군은 많은 水軍(수군)을 西海(서해)로 나아가게 하였습니다.

다음 한자의 음과 뜻을 익히고 써보세요.

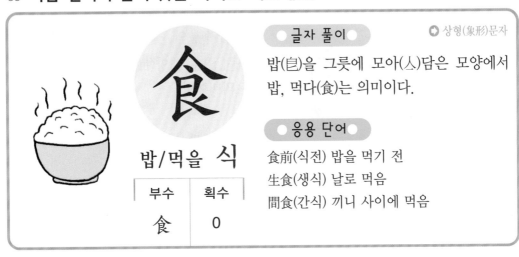

밥/먹을 **식**

부수	획수
食	0

○ 상형(象形)문자

글자 풀이

밥(皀)을 그릇에 모아(亼)담은 모양에서 밥, 먹다(食)는 의미이다.

응용 단어

食前(식전) 밥을 먹기 전
生食(생식) 날로 먹음
間食(간식) 끼니 사이에 먹음

필순	ノ 人 亼 今 今 숨 숨 食 食					
食 밥 식	食					

다음 한자의 음을 쓰세요.

아침 食前(　　)에 운동을 하면 아침 밥맛이 좋습니다.

우리 집 食水(　　)는 뒷산의 약수입니다.

이 감기약은 하루에 세 번 食後(식후)에 드십시오.

❀ 다음 한자의 음과 뜻을 익히고 써보세요.

물건 물

부수	획수
牛	4

➡ 형성(形聲)문자

● 글자 풀이 ●

무리(勿)가 되어 움직이는 소(牛)떼는 가장 큰 재산이었다는 것에서 물건(物)이라는 의미이다.

● 응용 단어 ●

動物(동물) 움직이는 생물
人物(인물) 사람
名物(명물) 그 지방 특유의 이름난 물건

필순	ノ 一 牛 牛 牛 牜 物 物				
物	物				
물건 물					

❀ 다음 한자의 음을 쓰세요.

춘천의 名物(　　)은 닭갈비와 막국수입니다.

위대한 人物(　　)들의 일생을 위인전을 통해서 읽었습니다.

動物(동물)원에는 여러 가지의 動物(동물)들이 있습니다.

확 인 학 습 15

1 다음 한자의 訓(훈;뜻)과 音(음;소리)을 쓰세요.

(1) 食　(2) 山　(3) 海　(4) 物

2 다음 괄호 안 한자(漢字)의 音(음;소리)을 쓰세요.

(1) 함께 (食)탁에 앉아 밥을 먹습니다.

(2) 백두(山)에 천지가 있습니다.

(3) (海)군은 바다를 지킵니다.

(4) 가게에 새로운 (物)건이 들어 왔습니다.

3 다음 ( ) 안의 말에 해당하는 漢字(한자)를 〈보기〉에서 골라 그 번호를 쓰세요.

> 보기
>
> ① 物　② 海　③ 食　④ 山

(1) 우리 고장에는 맛있는 (먹을) 거리가 많습니다.

(2) 우리나라는 삼면이 (바다)입니다.

(3) 흙으로만 이루어진 산을 흙(메)라고 합니다.

(4) 철물점은 쇠붙이로 만든 (물건)을 취급합니다.

4 다음 漢字語(한자어)의 讀音(독음; 읽는 소리)과 뜻을 쓰세요.

(1) 山海

(2) 食物

⭐ 다음 漢字(한자)를 필순에 맞게 여러 번 써 보세요.

山　海　食　物

❈ 다음 한자의 음과 뜻을 익히고 써보세요.

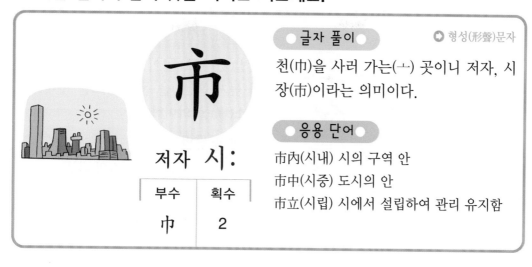

市

저자 시:

부수	획수
巾	2

글자 풀이 ◯ 형성(形聲)문자

천(巾)을 사러 가는(亠) 곳이니 저자, 시장(市)이라는 의미이다.

응용 단어

市內(시내) 시의 구역 안
市中(시중) 도시의 안
市立(시립) 시에서 설립하여 관리 유지함

필순	` ㄣ 广 宁 市				
市	市				
저자 시					

❈ 다음 한자의 음을 쓰세요.

市內(　　)에서 난폭 운전을 하면 안 됩니다.

재수생인 우리 오빠는 지난주부터 市立(　　) 도서관에서 공부를 합니다.

이 곳을 신市(시)라 이름하고, 王(왕)이 되니, 이 분이 곧 환웅 天王(천왕)이시다.

❀ 다음 한자의 음과 뜻을 익히고 써보세요.

글자 풀이   ◐ 형성(形聲)문자

깃발(勿)위로 높이 해(日)가 떠 오르듯이 높게 흙(土)을 돋운 장소를 빗대 곳, 장소(場)을 의미한다.

응용 단어

場內(장내) 장소의 안, 회장의 내부
市場(시장) 많은 물건을 모아 놓고 사고 파는 곳
農場(농장) 농사짓는 곳

場

마당 장

부수	획수
土	9

필순	一 十 土 圠 圠 圳 圬 坥 坪 塆 場 場
場	場
마당 장	

❀ 다음 한자의 음을 쓰세요.

야구장에서 아나운서가 場內(　　) 방송으로 양 팀 선수를 소개하였습니다.

어머니와 함께 市場(　　)에 가서 운동화를 샀습니다.

農場(농장) 구경을 가요.

❀ 다음 한자의 음과 뜻을 익히고 써보세요.

살 활

부수	획수
氵(水)	6

글자 풀이

⬤ 형성(形聲)문자

혀(舌)를 정신없이 놀리며 먹듯이 활발히 움직이는 물(氵)의 형상에서 살다(活)라는 의미이다.

응용 단어

活力(활력) 살아 움직이는 힘, 활동하는 힘
活語(활어) 현재 쓰이는 말
活氣(활기) 활동하는 원기, 활발한 기개나 기운

필순	` ` 氵 汙 汗 浐 浐 浐 活 活
活	活
살 활	

❀ 다음 한자의 음을 쓰세요.

의견을 발표하고자 하시는 분은 活氣( )찬 목소리로 해주시 바랍니다.

生活( )이 어려운 소년 소녀 가장들이 열심히 살고 있습니다.

정직하고, 예절 바른 生活(생활), 건강한 생활 등을 들 수가 있지.

※ 다음 한자의 음과 뜻을 익히고 써보세요.

움직일 동:

부수	획수
力	9

글자 풀이 ◯ 형성(形聲)문자

아무리 무거운(重) 것이라도 힘(力)을 가하면 움직인다는 것에서 움직인다(動)는 의미이다.

응용 단어

生動(생동) 살아 움직임
動力(동력) 어떤 사물을 움직여 나가는 힘
動物(동물) 살아 움직이는 생물

필순	ノ 一 二 亡 亡 亡 盲 重 重 動 動

動	動				
움직일 동					

※ 다음 한자의 음을 쓰세요.

어린이의 그림이지만 마치 생명이 있는 것처럼 生動(   )하는 것이 느껴집니다.

이 엄청난 動力(   )은 바람과 물의 힘에 의한 것입니다.

기계가 발달하면서 혼자 타는 자전거와 오토바이가 만들어졌고 여러 사람이 타는 自動車(자동차)가 발명되었습니다.

확인학습 16

1 다음 한자의 訓(훈;뜻)과 音(음;소리)을 쓰세요.

(1) 市　(2) 動　(3) 場　(4) 活

2 다음 괄호 안 한자(漢字)의 音(음;소리)을 쓰세요.

(1) (市)민들은 민주주의를 지지하였습니다.

(2) 농(場)을 견학하고 신선한 채소를 맛보았습니다.

(3) 운(動)장에서 반 대항 축구 경기를 했습니다.

(4) 친구들 모두 (活)력이 넘칩니다.

3 다음 (　) 안의 말에 해당하는 漢字(한자)를 〈보기〉에서 골라 그 번호를 쓰세요.

> 보기　　① 活　② 市　③ 動　④ 場

(1) 하천이 맑아지면서 물고기들이 (살아) 움직입니다.

(2) 우리 집 앞(마당)에 감나무가 심어져 있습니다.

(3) (저자)거리가 상품을 사고파는 사람들로 붐빕니다.

(4) 적군의 (움직임)을 주시하고 있습니다.

4 다음 漢字語(한자어)의 讀音(독음; 읽는 소리)과 뜻을 쓰세요.

(1) 市場

(2) 活動

★ 다음 漢字(한자)를 필순에 맞게 여러 번 써 보세요.

市　場　活　動

🌸 다음 한자의 음과 뜻을 익히고 써보세요.

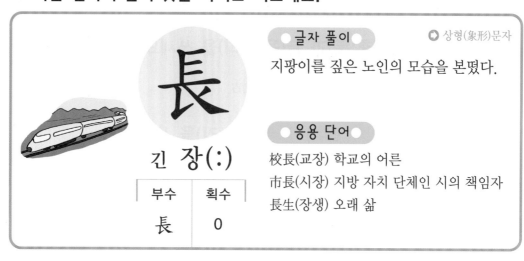

長

긴 장(:)

글자 풀이 ● 상형(象形)문자

지팡이를 짚은 노인의 모습을 본떴다.

응용 단어

校長(교장) 학교의 어른
市長(시장) 지방 자치 단체인 시의 책임자
長生(장생) 오래 삶

부수	획수
長	0

필순	⼀ ⼁ ⼂ ⼃ 匸 튼 틋 長					
長	長					
긴 장						

🌸 다음 한자의 음을 쓰세요.

나이 많은 어른들이 모여 市長(　　)
과 회의를 했습니다.

거북이는 長生(　　)하는 동물로 유
명합니다.

校長(교장) 先生(선생)님께서 말씀하셨습니다.

❀ 다음 한자의 음과 뜻을 익히고 써보세요.

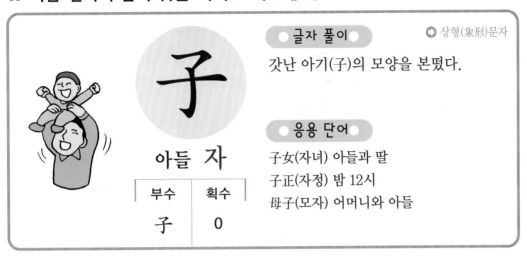

글자 풀이

● 상형(象形)문자

갓난 아기(子)의 모양을 본떴다.

子

아들 자

응용 단어

子女(자녀) 아들과 딸
子正(자정) 밤 12시
母子(모자) 어머니와 아들

부수	획수
子	0

필순	ㄱ 了 子				
子	子				
아들 자					

❀ 다음 한자의 음을 쓰세요.

선생님께서는 子弟(　　　)가 얼마나 되시는지요?

제 동생 두 살짜리 철이는 子正(　　　)이 넘어서야 잠이 들었습니다.

철수는 동네 사람들에게 孝子(효자)라는 소리를 듣습니다.

✿ 다음 한자의 음과 뜻을 익히고 써보세요.

글자 풀이

◐ 형성(形聲)문자

여자(女)가 아기를 낳으면(生) 그 아기에게 성(姓)이 붙는다는 의미이다.

응용 단어

國姓(국성) 성과 본이 임금과 같은 성
百姓(백성) 온갖 성씨의 국민
姓名(성명) 성과 이름

성 성:

부수	획수
女	5

필순	ㄑ 女 女 女 女 女 姓 姓				
姓	姓				
성 성					

✿ 다음 한자의 음을 쓰세요.

옛날에는 國姓(　　)이면 대부분 높은 벼슬을 할 수가 있었습니다.

우리나라 사람의 姓名(　　)은 대부분 한자로 되어 있습니다.

비석 하나하나에 돌아간 이의 姓名(성명)과 육·해·공군 혹은 경찰관 등의 표시가 있고 계급이 밝혀져 있었습니다.

❀ 다음 한자의 음과 뜻을 익히고 써보세요.

글자 풀이　　　　　◐ 회의(會意)문자

어두워(夕)지면 얼굴이 보이지 않으므로 큰소리(口)로 이름을 부르라는 것에서 이름(名)을 의미한다.

이름 명

부수	획수
口	3

응용 단어

名山(명산) 이름난 산
名家(명가) 명망이 높은 가문
國名(국명) 나라의 이름

필순	′ ク タ タ 名 名				
名	名				
이름 명					

❀ 다음 한자의 음을 쓰세요.

이 집은 자개 공예에 있어서는 名家
(　　　)로 통합니다.

고려라는 國名(　　　)에서 코리아가
나왔습니다.

배에는 한꺼번에 120名(명)이 탈 수 있으며 양옆으로 여러 개의 노가 나와 있습니다.

1 다음 한자의 訓(훈;뜻)과 音(음;소리)을 쓰세요.

(1) 長　(2) 子　(3) 姓　(4) 名

2 다음 괄호 안 한자(漢字)의 音(음;소리)을 쓰세요.

(1) 미술관에서 (名)화를 감상합니다.

(2) 장군의 본(姓)은 김이었습니다.

(3) 철수는 이름난 효(子)입니다.

(4) 거북이는 (長)수 동물입니다.

3 다음 ( ) 안의 말에 해당하는 漢字(한자)를 〈보기〉에서 골라 그 번호를 쓰세요.

> 보기　　①子　②名　③長　④姓

(1) 제가 큰 (아들)입니다.

(2) 사물에는 저마다 (이름)이 있습니다.

(3) 이 하천은 (길이)가 매우 깁니다.

(4) 일본은 한국인의 (성)과 이름을 강제로 고치려는 못된 짓을 했습니다.

4 다음 漢字語(한자어)의 讀音(독음; 읽는 소리)과 뜻을 쓰세요.

(1) 長子

(2) 姓名

⭐ 다음 漢字(한자)를 필순에 맞게 여러 번 써 보세요.

長　子　姓　名

✿ 다음 한자의 음과 뜻을 익히고 써보세요.

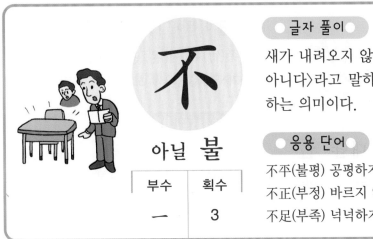

아닐 불

부수	획수
一	3

글자 풀이 ➡ 상형(象形)문자

새가 내려오지 않는 〈~하지 않다. ~이 아니다〉라고 말하는 것처럼 말을 부정하는 의미이다.

응용 단어

不平(불평) 공평하지 아니함
不正(부정) 바르지 않음, 옳지 않음
不足(부족) 넉넉하지 못함, 모자람

필순	一 フ オ 不				
不	不				
아니 불					

✿ 다음 한자의 음을 쓰세요.

그렇게 행동하는 것은 不正(　　)한 행동이다.

철수는 먹은 밥이 不足(　　)한 듯이 남의 밥을 자꾸 넘보았습니다.

처음에는 不平(불평)하는 군사들이 있었지만 얼마 지나지 않아 모두 열심히 하게 되었습니다.

✿ 다음 한자의 음과 뜻을 익히고 써보세요.

글자 풀이　　◉ 회의(會意)문자

대쪽(竹)에 써 온 편지 내용에 합(合)당하게 답(答)을 써 보낸다는 의미이다.

응용 단어

不答(부답) 대답하지 아니함
正答(정답) 문제를 바르게 푼 답
名答(명답) 격에 들어맞게 썩 잘한 답

답 답

부수	획수
竹	6

필순	ノ ト ⺮ ⺮ ⺮ ⺮ 父 苳 苳 苳 荅 答

答	答				
대답 답					

✿ 다음 한자의 음을 쓰세요.

수학 문제의 答(　　)을 알아냈습니다.

현준이의 대답이야말로 名答(　　) 중의 名答(　　)입니다.

수학 문제의 答(답)을 알아냈습니다.

✿ 다음 한자의 음과 뜻을 익히고 써보세요.

편안 안

부수	획수
宀	3

● 글자 풀이

집안(宀)에 여인(女)이 있어 집을 지키면 가정이 평화롭다는 데서 편안하다(安)는 의미이다.

● 회의(會意)문자

● 응용 단어

安民(안민) 국민을 편안하게 함
不安(불안) 편안하지 않음
平安(평안) 탈이 없이 편안 함

필순	丶 丶 宀 宀 安 安				
安 편안 안	安				

✿ 다음 한자의 음을 쓰세요.

부모님의 平安(　　)을 빌며 인사를 올렸습니다.

이제 급한 불은 다 꺼졌으니 不安(　　)해 하지 마시기 바랍니다.

규칙은 여러 가지 탈 것을 이용하는 사람들을 安全(안전)하게 보호하기 위한 것입니다.

❀ 다음 한자의 음과 뜻을 익히고 써보세요.

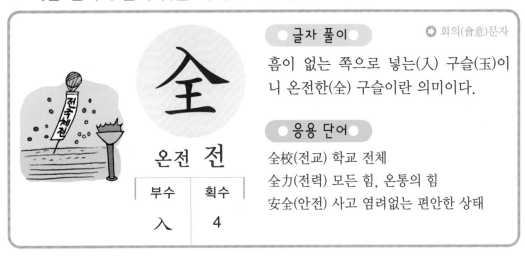

글자 풀이　　◎ 회의(會意)문자

흠이 없는 쪽으로 넣는(入) 구슬(玉)이니 온전한(全) 구슬이란 의미이다.

응용 단어

全校(전교) 학교 전체
全力(전력) 모든 힘, 온통의 힘
安全(안전) 사고 염려없는 편안한 상태

온전 전

부수	획수
入	4

필순	ノ 入 今 今 全 全					
全 온전 전	全					

❀ 다음 한자의 음을 쓰세요.

아침 조회 시간이 되자 全校(　　) 학생들이 모두 운동장에 집합했습니다.

청군과 백군은 全力(　　)을 다해 줄다리기를 했습니다.

규칙은 여러 가지 탈 것을 이용하는 사람들을 安全(안전)하게 보호하기 위한 것입니다.

확인학습 18

1 다음 한자의 訓(훈;뜻)과 음(음;소리)을 쓰세요.

(1) 答   (2) 不   (3) 全   (4) 安

2 다음 괄호 안 한자(漢字)의 음(음;소리)을 쓰세요.

(1) 시험 문제의 (答)을 맞춰 봅니다.

(2) (不)효하면 사람 노릇을 못 합니다.

(3) 평(安)한 삶을 기원합니다.

(4) 수학은 영수가 (全)교 일등입니다.

3 다음 (   ) 안의 말에 해당하는 漢字(한자)를 〈보기〉에서 골라 그 번호를 쓰세요.

> 보기   ① 全   ② 不   ③ 答   ④ 安

(1) 침수된 집에서 (온전한) 물건은 건져 내어 씻고 말렸습니다.

(2) 질문에 대한 (답)이 훌륭합니다.

(3) 날씨가 좋지 (아니)하면 비행기가 뜨지 못합니다.

(4) (편안한) 여행이 되시기 바랍니다.

4 다음 漢字語(한자어)의 讀音(독음; 읽는 소리)과 뜻을 쓰세요.

(1) 不答

(2) 安全

⭐ 다음 漢字(한자)를 필순에 맞게 여러 번 써 보세요.

不   答   安   全

❀ 다음 한자의 음과 뜻을 익히고 써보세요.

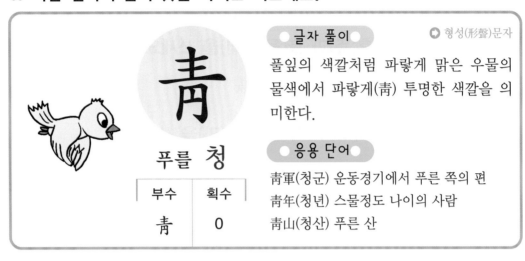

글자 풀이   ▶ 형성(形聲)문자

풀잎의 색깔처럼 파랗게 맑은 우물의 물색에서 파랗게(靑) 투명한 색깔을 의미한다.

응용 단어

靑軍(청군) 운동경기에서 푸른 쪽의 편
靑年(청년) 스물정도 나이의 사람
靑山(청산) 푸른 산

푸를 청

부수	획수
靑	0

필순	一　二　丰　主　丰　靑　靑　靑					
靑	靑					
푸를 청						

❀ 다음 한자의 음을 쓰세요.

靑軍(　　)이 모여 있는 자리에는 청기가 걸려있습니다.

흰 종이를 靑(　)색으로 물들였습니다.

"靑軍(청군), 이겨라!"

❀ 다음 한자의 음과 뜻을 익히고 써보세요.

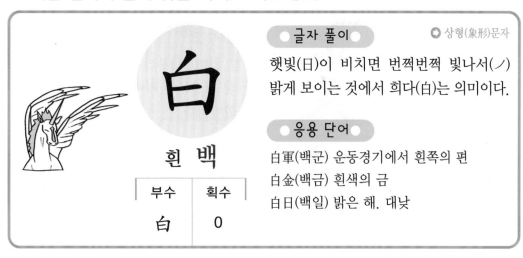

글자 풀이

햇빛(日)이 비치면 번쩍번쩍 빛나서(丿) 밝게 보이는 것에서 희다(白)는 의미이다.

◐ 상형(象形)문자

白

흰 백

부수	획수
白	0

응용 단어

白軍(백군) 운동경기에서 흰쪽의 편
白金(백금) 흰색의 금
白日(백일) 밝은 해. 대낮

필순	丿 亻 白 白 白					
白	白					
흰 백						

❀ 다음 한자의 음을 쓰세요.

청군인 영희는 白軍(　　　)에게 보낼 그림을 그렸습니다.

白日(　　　)에 꽃이 시들까봐 물을 주었습니다.

"白軍(백군), 이겨라!"

❀ 다음 한자의 음과 뜻을 익히고 써보세요.

農

농사 농

부수	획수
辰	6

● 글자 풀이   ▶ 회의(會意)문자

아침 일찍(辰)부터 논에 나가 도구(曲)를 갖고 일하는 것에서 농사를 짓다(農)는 의미이다.

● 응용 단어

農家(농가) 농민의 집
農民(농민) 농사짓는 사람
農土(농토) 농사짓는 땅

필순	㇐ ㇕ ㇌ 曲 曲 曲 曲 芦 芦 芦 農 農 農					
農	農					
농사 농						

❀ 다음 한자의 음을 쓰세요.

윗동네 동수는 아버지의 뒤를 이어 農民(　　)이 되는 것이 꿈입니다.

철원에서 農場(　　)을 하시는 아저씨 댁에서는 젖소를 기릅니다.

農場(농장)이 있는 들판

❀ 다음 한자의 음과 뜻을 익히고 써보세요.

軍

군사 군

부수	획수
車	2

글자 풀이   ⊙ 회의(會意)문자

전차(車)를 빙 둘러싸고(冖) 있는 형태에서 군대, 전쟁(軍)을 의미한다.

응용 단어

空軍(공군) 하늘을 지키는 군대
軍車(군차) 군용차
水軍(수군) 조선 시대에, 바다에서 국방과
　　　　　치안을 맡아보던 군대

필순	′ 　冖 　冖 　冖 　冒 　冒 　冒 　宣 　軍				
軍 군사 군	軍				

❀ 다음 한자의 음을 쓰세요.

이순신 장군은 水軍(　　)을 이끌고
전쟁에 나갔습니다.

형은 空軍(　　)이 되고 싶어합니다.

이순신은 水軍(수군)통제사가 되었습니다.

⊘ 확인학습 19 ⊘

1 다음 한자의 訓(훈;뜻)과 音(음;소리)을 쓰세요.

(1) 靑　(2) 白　(3) 農　(4) 軍

2 다음 괄호 안 한자(漢字)의 音(음;소리)을 쓰세요.

(1) 운동회에서 우리 반은 모두 (靑)군이 되었습니다.
(2) (白)군과 기마전을 하였습니다.
(3) (農)민은 가뭄 끝에 단비라는 말을 체험으로 압니다.
(4) (軍)인은 나라를 지킵니다.

3 다음 ( ) 안의 말에 해당하는 漢字(한자)를 〈보기〉에서 골라 그 번호를 쓰세요.

> 보기　　① 軍　② 農　③ 白　④ 靑

(1) 마을 중앙에 (흰)색 페인트를 칠한 집이 우리 집입니다.
(2) 이 일은 (군사)에 관한 일입니다.
(3) 추운 지방에서는 벼(농사)를 짓기가 수월하지는 않습니다.
(4) 동해 바닷가에 가니 (푸른) 물결이 넘실거립니다.

4 다음 漢字語(한자어)의 讀音(독음; 읽는 소리)과 뜻을 쓰세요.

(1) 靑白
(2) 農軍

⭐ 다음 漢字(한자)를 필순에 맞게 여러 번 써 보세요.

靑　白　農　軍

❀ 다음 한자의 음과 뜻을 익히고 써보세요.

手

손 수(:)

부수	획수
手	0

● 상형(象形)문자

글자 풀이

다섯 개의 손가락과 손바닥과 팔의 형태에서 손(手)을 의미한다.

응용 단어

手工(수공) 손으로 만든 공예
木手(목수) 나무를 다루어 가구 등을 만드는 사람
手動(수동) 손의 힘으로 움직임
手中(수중) 손의 안

필순	´ ² ² 手				
手	手				
손 수					

❀ 다음 한자의 음을 쓰세요.

새옷을 手中(　　)에 넣은 여동생은 기뻐서 노래합니다.

이 가구는 작지만 오랜 시간이 걸려 만든 아주 귀한 手工(　　)품입니다.

> "오늘부터 여러 장수들은 배를 만드는 木手(목수)들을 모아 이 설계도대로 배를 만드시오!"

❀ 다음 한자의 음과 뜻을 익히고 써보세요.

글자 풀이　　　➲ 형성(形聲)문자

무릎 꿇고 사람(己)이 말(言)한 것을 받아 적고 있는 모습에서 기록하다(記)는 의미이다.

응용 단어

記事(기사) 사실을 적는 것
後記(후기) 뒷날의 기록, 책 끝에 적은 글
手記(수기) 손으로 씀, 직접 쓴 기록

기록할 기

부수	획수
言	3

필순	` ㆍ 二 三 言 言 言 記 記 記				
記 기록할 기	記				

❀ 다음 한자의 음을 쓰세요.

나는 신문을 보면 사회면의 記事(　　)를 제일 먼저 봅니다.

학교 교지를 만든 후 우리는 돌아가며 편집 後記(　　)를 썼습니다.

철수는 저축에 대한 체험 手記(수기)를 썼습니다.

✿ 다음 한자의 음과 뜻을 익히고 써보세요.

民

백성 민

부수	획수
氏	1

● 상형(象形)문자

글자 풀이

여인(女)이 시초(氏)가 되어 많은 사람이 태어나는 것에서 백성, 사람(民)을 의미한다.

응용 단어

民事(민사) 백성(국민)의 일
農民(농민) 농사일 하는 사람
萬民(만민) 모든 사람

필순	¬ ¬ ¬ 尸 尸 民				
民	民				
백성 민					

✿ 다음 한자의 음을 쓰세요.

萬民(　　)의 마음을 헤아릴 줄 아는 왕이 지혜로운 왕입니다.

산사태가 일어나 農民(　　)들을 모두 대피시켰습니다.

"大韓民國(대한민국) 만세!"

❀ 다음 한자의 음과 뜻을 익히고 써보세요.

● 글자 풀이   ◐ 형성(形聲)문자

혀(舌)와 입술을 사용하여 마음의 생각을 얘기(言)해 전하는 것에서 말하다(話)는 의미이다.

● 응용 단어

民話(민화) 민간에 전해 오는 옛날 이야기
手話(수화) 손으로 하는 대화
電話(전화) 전화기로 말을 주고 받는 일

話

말씀 화

부수	획수
言	6

필순	`	ﾗ	ﾗ	ﾗ	言	言	言	訐	訐	訐	話	話
話	話											
말씀 화												

❀ 다음 한자의 음을 쓰세요.

순희는 신체장애자에게 手話(   )를 가르치려고 노력을 합니다.

사람들이 모여 民話(   )를 주고 받습니다.

電話(전화)를 할 때는 용건만 간단히 합시다.

1 다음 한자의 訓(훈;뜻)과 音(음;소리)을 쓰세요.

(1) 手　　(2) 話　　(3) 記　　(4) 民

2 다음 괄호 안 한자(漢字)의 音(음;소리)을 쓰세요.

(1) 밖에서 돌아 와 (手)족을 깨끗이 닦습니다.

(2) 어머니와 전(話) 통화를 하였습니다.

(3) 국(民)은 나라의 주인입니다.

(4) 난중일(記)를 읽었습니다.

3 다음 ( ) 안의 말에 해당하는 漢字(한자)를 〈보기〉에서 골라 그 번호를 쓰세요.

> 보기　　　① 話　　② 民　　③ 手　　④ 記

(1) 아버지가 이웃집 아저씨와 (말씀)을 나누고 계십니다.

(2) 한국 사람들은 (손)재주가 좋다고 합니다.

(3) 오늘의 날씨를 (기록)하였습니다.

(4) (백성)의 사랑을 받은 임금은 행복했습니다.

4 다음 漢字語(한자어)의 讀音(독음; 읽는 소리)과 뜻을 쓰세요.

(1) 手記

(2) 民話

⭐ 다음 漢字(한자)를 필순에 맞게 여러 번 써 보세요.

手　記　民　話

❀ 다음 한자의 음과 뜻을 익히고 써보세요.

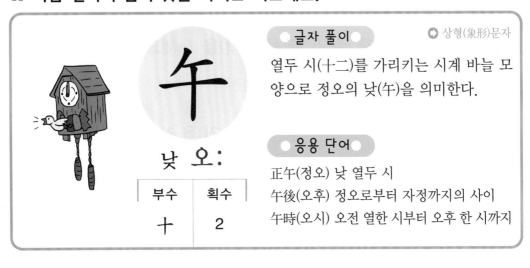

글자 풀이

◑ 상형(象形)문자

열두 시(十二)를 가리키는 시계 바늘 모양으로 정오의 낮(午)을 의미한다.

午

낮 오:

부수	획수
十	2

응용 단어

正午(정오) 낮 열두 시
午後(오후) 정오로부터 자정까지의 사이
午時(오시) 오전 열한 시부터 오후 한 시까지

필순	ノ 느 느 午				
午	午				
낮 오					

❀ 다음 한자의 음을 쓰세요.

午後(   )에 어머니와 눈썰매 타러 가기로 했습니다.

소풍가서 正午(   )가 되면 점심시간을 알리는 방송이 나옵니다.

날짜 : 5月(월) 18日(일) 午後(오후) 2時(시)

✿ 다음 한자의 음과 뜻을 익히고 써보세요.

後

뒤 후 :

부수	획수
彳	6

글자 풀이 ◐ 회의(會意)문자

길(彳)을 걷는데 어린아이(幺)는 걸음이
느려(夂) 뒤진다(後)는 의미이다.

응용 단어

後方(후방) 중심으로부터 뒤쪽
後門(후문) 뒤쪽에 난 문
後事(후사) 죽은 뒤의 일, 뒷일

필순	ノ ク イ 彳 彳 个 个 伐 伐 後

後	後				
뒤 후					

✿ 다음 한자의 음을 쓰세요.

당시에는 보잘 것 없었지만, 後世
(   )에 유명해진 사람도 있습니다.

국군 아저씨들이 전방에서 나라를 지켜주어 우리
는 後方(   )에서 편안히 살 수가 있습니다.

前後(전후)를 잘 살펴서 가세요.

❀ 다음 한자의 음과 뜻을 익히고 써보세요.

글자 풀이 ▶ 형성(形聲)문자

내뿜은 숨(气)처럼 막 지은 밥(米)에서 솟아오르는 증기(氣)를 의미한다.

氣

기운 기

부수	획수
气	6

응용 단어

軍氣(군기) 군대의 사기
空氣(공기) 지구를 둘러싼 기체
氣道(기도) 호흡할 때 공기가 지나는 길

필순	ノ ノ 气 气 气 气 氕 氚 氣 氣

氣	氣				
기운 기					

❀ 다음 한자의 음을 쓰세요.

호흡이 가빠지자 할머니는 氣道(　　　)를 넓히셨습니다.

공장에서 뿜어 나오는 검은 연기 때문에 空氣(　　　)가 많이 오염되었습니다.

電車(전차)는 電氣(전기)의 힘으로 움직이고, 기차는 석탄, 기름, 전기의 힘으로 움직이며, 전철은 전기로만 움직입니다.

❀ 다음 한자의 음과 뜻을 익히고 써보세요.

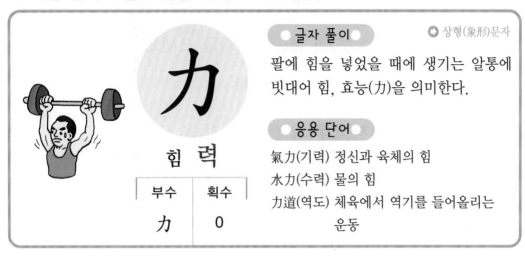

글자 풀이 ◐ 상형(象形)문자

팔에 힘을 넣었을 때에 생기는 알통에 빗대어 힘, 효능(力)을 의미한다.

응용 단어

氣力(기력) 정신과 육체의 힘
水力(수력) 물의 힘
力道(역도) 체육에서 역기를 들어올리는
　　　　　운동

力
힘 력

부수	획수
力	0

필순	ㄱ 力					
力	力					
힘 력						

❀ 다음 한자의 음을 쓰세요.

우리나라의 力道(　　) 선수인 전병관은 세계적으로 유명한 선수입니다.

水力(　　)발전은 물이 떨어지는 때 생겨나는 에너지를 이용하는 것입니다.

탈 것으로는 사람이 직접 들거나 끄는 가마와 人力車(인력거)가 있었습니다.

1 다음 한자의 訓(훈;뜻)과 音(음;소리)을 쓰세요.

(1) 午   (2) 氣   (3) 力   (4) 後

2 다음 괄호 안 한자(漢字)의 音(음;소리)을 쓰세요.

(1) (午)후에는 햇볕이 강합니다.

(2) 우리 모두 노(力)하여 위기를 극복해 냈습니다.

(3) 차를 몰며 뒤에 오는 차도 생각하여 (後)방도 살핍니다.

(4) 철수는 (氣)운이 센 학생입니다.

3 다음 ( ) 안의 말에 해당하는 漢字(한자)를 〈보기〉에서 골라 그 번호를 쓰세요.

> 보기   ① 午   ② 後   ③ 力   ④ 氣

(1) 이곳은 햇볕이 강한 (낮)에는 외출을 삼가합니다.

(2) 장군은 (기운)이 장사라서 호랑이도 때려 눕혔다고 합니다.

(3) (힘)이 약한 할아버지의 짐을 대신 들어 드렸습니다.

(4) 교실에서 작업을 한 (뒤) 청소를 합니다.

4 다음 漢字語(한자어)의 讀音(독음; 읽는 소리)과 뜻을 쓰세요.

(1) 午後

(2) 氣力

★ 다음 漢字(한자)를 필순에 맞게 여러 번 써 보세요.

午   後   氣   力

다음 한자의 음과 뜻을 익히고 써보세요.

先

먼저 선

부수	획수
儿	4

글자 풀이 ● 회의(會意)문자

풀 눈이 쭉쭉 뻗치는 것(生)과 사람이 걸어서(儿) 앞으로 나가기에 먼저(先)라는 의미이다.

응용 단어

先手(선수) 남이 하기 전에 앞질러 하는 행동
先子(선자) 예전에 살았던 사람
先後(선후) 먼저와 나중

필순	ノ 一 ＋ 生 生 先				
先	先				
먼저 선					

다음 한자의 음을 쓰세요.

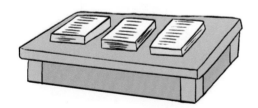

한꺼번에 일을 하는 것보다 先後(　　　)로 나누어서 하는 것이 좋습니다.

이번에도 달리기에서 태정이에게 先手(　　　)를 빼앗겼습니다.

호야는 자꾸자꾸 생각하다가 갑자기 先生(선생)님께로 달려갔습니다.

❀ 다음 한자의 음과 뜻을 익히고 써보세요.

글자 풀이

● 회의(會意)문자

옛날 30년을 '일세'라 하여, 연 수가 긴 것을 나타내고, '세월의 단락'의 의미로 사용했다.

응용 단어

世上(세상) 사람이 살고 있는 온 누리
後世(후세) 나중 세상
世道(세도) 세상을 올바르게 다스리는 도리

인간 세:

부수	획수
一	4

필순	一 十 卅 卅 世					
世	世					
인간 세						

❀ 다음 한자의 음을 쓰세요.

온 世上(   )에 눈이 내려 하얗게 변했습니다.

사람은 누구나 後世(   )들에게 좋은 평을 받고 싶어 합니다.

이 世上(세상)엔 무서운 게 너무 많단다.

❀ 다음 한자의 음과 뜻을 익히고 써보세요.

글자 풀이 ◆ 회의(會意)문자

매어있는 배 끈을 칼(刂)로 자르고 배(月)가 나아가는 쪽의 뱃머리, 앞(前)을 의미한다.

응용 단어

午前(오전) 낮 12시 이전
事前(사전) 어떤 일이 일어나기 전
前年(전년) 지난 해, 작년

앞 전

부수	획수
刂(刀)	7

필순	丶　丷　爿　产　方　前　前　前

前	前				
앞 전					

❀ 다음 한자의 음을 쓰세요.

여행을 하기 위해서는 事前(　　)에 준비를 철저하게 하여야 합니다.

인수는 午前(　　)에 아버지와 함께 목욕탕에 갔다 왔습니다.

그러다가 며칠 前(전) 바로 이 자리에서 만났던 민들레를 생각해 내었습니다.

❀ 다음 한자의 음과 뜻을 익히고 써보세요.

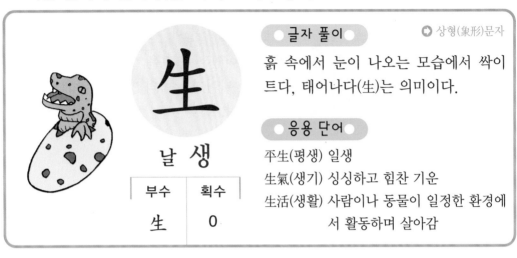

生

날 생

부수	획수
生	0

◯ 글자 풀이 ◯   ◐ 상형(象形)문자

흙 속에서 눈이 나오는 모습에서 싹이 트다, 태어나다(生)는 의미이다.

◯ 응용 단어 ◯

平生(평생) 일생
生氣(생기) 싱싱하고 힘찬 기운
生活(생활) 사람이나 동물이 일정한 환경에서 활동하며 살아감

필순	ノ ノ ヒ 牛 生				
生	生				
날 생					

❀ 다음 한자의 음을 쓰세요.

오늘따라 정희는 生氣(　　)가 넘칩니다.

학교生活(　　)을 통해 많은 것을 배울 수 있습니다.

先生(선생)님은 엄마 아빠께 효도하는 법에 대해 자세히 말씀해 주셨습니다.

1 다음 한자의 訓(훈;뜻)과 音(음;소리)을 쓰세요.

(1) 生   (2) 前   (3) 世   (4) 先

2 다음 괄호 안 한자(漢字)의 音(음;소리)을 쓰세요.

(1) (先)생님이 부르십니다.

(2) 내일 모레가 (生)일입니다.

(3) 장군은 (前)진하라고 명령했습니다.

(4) (世)상은 넓습니다.

3 다음 ( ) 안의 말에 해당하는 漢字(한자)를 〈보기〉에서 골라 그 번호를 쓰세요.

> 보기   ① 先   ② 生   ③ 前   ④ 世

(1) 옥황상제의 아들이 (인간)에 내려 왔습니다.

(2) 뒤에는 산이 있고 (앞)에는 강이 흐릅니다.

(3) 집에 들어오면 (먼저) 손을 씻습니다.

(4) 저는 제천에서 (나서) 서울서 자랐습니다.

4 다음 漢字語(한자어)의 讀音(독음; 읽는 소리)과 뜻을 쓰세요.

(1) 先世

(2) 前生

⭐ 다음 漢字(한자)를 필순에 맞게 여러 번 써 보세요.

先   世   前   生

※ 다음 한자의 음과 뜻을 익히고 써보세요.

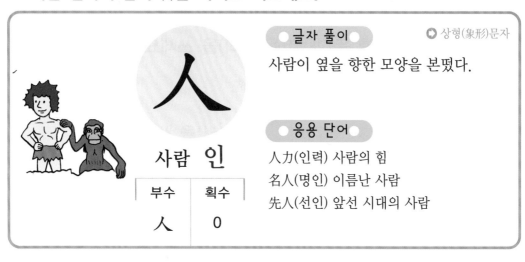

글자 풀이 ● 상형(象形)문자

사람이 옆을 향한 모양을 본떴다.

人

사람 인

응용 단어

人力(인력) 사람의 힘
名人(명인) 이름난 사람
先人(선인) 앞선 시대의 사람

부수	획수
人	0

필순	ノ 人				
人	人				
사람 인					

※ 다음 한자의 음을 쓰세요.

세상에는 人力(　　)으로 안 되는 일
이 있습니다.

물감을 잘 만드는 名人(　　)을 만났
습니다.

자랑스런 軍人(군인) 아저씨들이 행진합니다.

✿ 다음 한자의 음과 뜻을 익히고 써보세요.

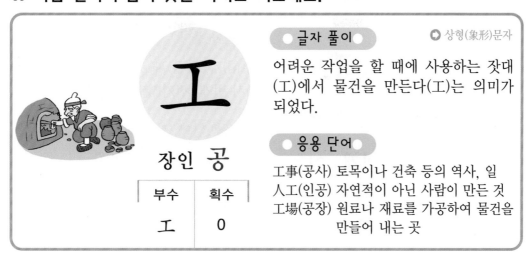

글자 풀이 ◐ 상형(象形)문자

어려운 작업을 할 때에 사용하는 잣대 (工)에서 물건을 만든다(工)는 의미가 되었다.

응용 단어

工事(공사) 토목이나 건축 등의 역사, 일
人工(인공) 자연적이 아닌 사람이 만든 것
工場(공장) 원료나 재료를 가공하여 물건을
　　　　　　만들어 내는 곳

장인 공

부수	획수
工	0

필순	一 丁 工				
工	工				
장인 공					

✿ 다음 한자의 음을 쓰세요.

저기 커다란 工場(　　)에서 일하는 사람들은 대부분 여공들입니다.

자연에 人工(　　)을 가하면 편리는 하지만 환경이 오염되기 쉽습니다.

좌수영에는 그날부터 거북선을 만드는 큰 工事(공사)가 벌어졌습니다.

❀ 다음 한자의 음과 뜻을 익히고 써보세요.

글자 풀이 ● 형성(形聲)문자

비(雨)가 내릴 때 일어나는(电) 번개불에서 번개, 전기(電)를 의미한다.

응용 단어

電工(전공) 전기공, 전기 공업
電動車(전동차) 전기의 힘으로 가는 기차
電力(전력) 대전체 사이에 작용하는
　　　　　　전기의 힘

번개 전:

부수	획수
雨	5

필순	一　ㄷ　广　币　币　乖　乖　乖　雫　雷　雷　電

電	電				
번개 전					

❀ 다음 한자의 음을 쓰세요.

마지막 電動車(　　　)가 기적을 울리며 달려가고 있습니다.

여름이 되면 電力(　　　) 부족으로 종종 電氣(　　　)가 끊길 때가 있습니다.

電車(전차)는 電氣(전기)의 힘으로 움직이고, 기차는 석탄, 기름, 전기의 힘으로 움직이며, 전철은 전기로만 움직입니다.

❀ 다음 한자의 음과 뜻을 익히고 써보세요.

車

수레 거/차

부수	획수
車	0

글자 풀이 ◐ 상형(象形)문자

수레의 모양을 본떴다.

응용 단어

電車(전차) 전기의 힘으로 가는 차
人力車(인력거) 사람이 이끄는 수레
車道(차도) 차가 다니는 길
自動車(자동차) 사람의 힘이 아닌 다른 힘에
　　　　　　　의하여 저절로 움직이는 차

필순	一 一 一 一 一 一 車				
車	車				
수레 거/차					

❀ 다음 한자의 음을 쓰세요.

시골에서 할머니가 車(　　)편으로 쌀
을 보내 오셨습니다.

택시가 없던 때에는 人力車(　　　)로
사람을 싣고 다녔습니다.

육지를 다니는 自動車(자동차)와 기차가 있고, 江(강)이나
바다로 다니는 배가 있습니다.

확인학습 23

1 다음 한자의 訓(훈;뜻)과 音(음;소리)을 쓰세요.

(1) 車　　(2) 人　　(3) 工　　(4) 電

2 다음 괄호 안 한자(漢字)의 音(음;소리)을 쓰세요.

(1) 전기로 가는 (車)가 나왔습니다.

(2) 밤에 (電)기가 나가면 어둡습니다.

(3) 선생님은 (人)생은 아름답다고 하십니다.

(4) 오늘 두부 (工)장을 견학하고 왔습니다.

3 다음 (　) 안의 말에 해당하는 漢字(한자)를 〈보기〉에서 골라 그 번호를 쓰세요.

> 보기　　　①人　　②工　　③電　　④車

(1) 한옥을 만드는 (장인)의 솜씨가 뛰어납니다.

(2) (사람)은 평등합니다.

(3) 천둥과 (번개)를 동반한 비가 내렸습니다.

(4) 시골에서 말이 끄는 (수레)를 보았습니다.

4 다음 漢字語(한자어)의 讀音(독음; 읽는 소리)과 뜻을 쓰세요.

(1) 人工

(2) 電車

⭐ 다음 漢字(한자)를 필순에 맞게 여러 번 써 보세요.

人　　工　　電　　車

다음 한자의 음과 뜻을 익히고 써보세요.

萬

일만 만 :

부수	획수
⺿(艸)	9

글자 풀이
🔵 상형(象形)문자

벌의 모양을 본뜬 글자로 그 수가 많다는 데서 만(萬)의 뜻을 의미한다.

응용 단어

萬物(만물) 세상에 있는 모든 것
萬全(만전) 조금도 허술함이 없이 아주 완전함
萬國(만국) 여러 나라

필순	一 十 艹 艹 艹 节 艻 苩 莒 萬 萬 萬				
萬	萬				
일만 만					

다음 한자의 음을 쓰세요.

모두들 이번 학예회에 萬全(   )을 기하고 있습니다.

세상의 모든 萬物(   )은 생명을 가지고 있습니다.

운동장에는 하얀 줄이 쳐 있고 萬國(만국)기가 바람에 펄럭입니다.

❀ 다음 한자의 음과 뜻을 익히고 써보세요.

글자 풀이

◯ 상형(象形)문자

부초가 물에 떠 있는 모양에서 평평하다, 평지, 평온(平)을 의미한다.

응용 단어

不平(불평) 마음에 불만이 있음
平正(평정) 공평하고 정직함
平日(평일) 평상시

평평할 평

부수	획수
干	2

필순	一 ノ ァ 二 三 平				
平	平				
평평할 평					

❀ 다음 한자의 음을 쓰세요.

어린이 대공원은 平日(　　　)보다 휴일
이 사람이 더 많습니다.

선생님이 학생들에게 청소를 시키자
不平(　　　)이 대단히 많았습니다.

할아버지는 平生(평생)을 교직에 몸 바치셨습니다.

✿ 다음 한자의 음과 뜻을 익히고 써보세요.

自

스스로 자

부수	획수
自	0

●상형(象形)문자

글자 풀이
자기의 코를 가르키면서 나(自)라고 한 것에서 자기(自)를 의미한다.

응용 단어
自國(자국) 제 나라
自白(자백) 스스로의 죄를 고백함
自立(자립) 남의 힘을 입지 않고 스스로 일어섬

필순	´ ㇒ ㇚ ㇍ 自 自				
自	自				
스스로 자					

✿ 다음 한자의 음을 쓰세요.

철수는 선생님에게 순희의 돈을 훔쳤다고 自白(   )했습니다.

어린이들이 커서 스스로 自立(   )할 수 있도록 키워야 합니다.

自國(자국) 국민의 안전에 최선을 다해야 합니다.

❀ 다음 한자의 음과 뜻을 익히고 써보세요.

◯ 글자 풀이   ● 상형(象形)문자

발 전체의 모양을 본떴다.

◯ 응용 단어

手足(수족) 손과 발
自足(자족) 스스로 넉넉함을 느낌
足下(족하) 편지 받을 사람의 성명 아래에
         쓰는 말

발 족

부수	획수
足	0

필순	ㄱ ㅁ ㅁ 무 무 뮤 足					
足	足					
발 족						

❀ 다음 한자의 음을 쓰세요.

김동성 足下(　　), 그동안 어떻게 지내셨습니까?

철수는 아프신 어머니의 手足(　　)이 되어 생활하고 있습니다.

手足(수족)을 따뜻하게 하십시오.

1 다음 한자의 訓(훈;뜻)과 音(음;소리)을 쓰세요.

(1) 足   (2) 萬   (3) 平   (4) 自

2 다음 괄호 안 한자(漢字)의 音(음;소리)을 쓰세요.

(1) 철수는 받은 점수에 만(足)했습니다.

(2) 광장에 (萬)명의 사람이 모였습니다.

(3) 선생님은 (平)생을 국어 연구에 전념하셨습니다.

(4) (自)립 정신이 필요합니다.

3 다음 ( ) 안의 말에 해당하는 漢字(한자)를 〈보기〉에서 골라 그 번호를 쓰세요.

보기	① 萬 ② 平 ③ 足 ④ 自

(1) 영희는 (스스로) 전화기 고리를 만들었습니다.

(2) 군인들이 흙길을 (평평하게) 고르고 있습니다.

(3) 물에 (발)을 담그니 시원하여 만족스럽습니다.

(4) (일만)원을 내고 칠천 원을 거슬러 받았습니다.

4 다음 漢字語(한자어)의 讀音(독음; 읽는 소리)과 뜻을 쓰세요.

(1) 萬平

(2) 自足

⭐ 다음 漢字(한자)를 필순에 맞게 여러 번 써 보세요.

萬   平   自   足

南男北女

남남북녀

남자는 남쪽 사람이 잘나고

여자는 북쪽사람이 고움

漢字

(사) 한국어문회 주관 / 한국한자능력검정회 시행

해 답

확인학습 1-24

확인학습 01

1. (1) 두 이 (2) 넉 사 (3) 한 일 (4) 다섯 오 (5) 석 삼

2. (1) 일 (2) 오 (3) 삼 (4) 사 (5) 이

3. (1) ④ 五 (2) ① 二 (3) ⑤ 三 (4) ③ 一 (5) ② 四

4. (1) 일이 : 하나와 둘 (2) 삼오 : 셋과 다섯 (3) 이사 : 둘과 넷

확인학습 02

1. (1) 여섯 륙 (2) 열 십 (3) 일곱 칠 (4) 아홉 구 (5) 여덟 팔

2. (1) 십 (2) 육 (3) 구 (4) 팔 (5) 칠

3. (1) ④ 十 (2) ⑤ 九 (3) ① 六 (4) ② 八 (5) ③ 七

4. (1) 육십 : 예순 (2) 팔구 : 여덟과 아홉 (3) 칠십 : 일흔

확인학습 03

1. (1) 가운데 중 (2) 북녘 북 (3) 동녘 동 (4) 남녘 남 (5) 서녘 서

2. (1) 동 (2) 서 (3) 남 (4) 북 (5) 중

3. (1) ③ 南 (2) ① 西 (3) ② 東 (4) ④ 北 (5) ⑤ 中

4. (1) 동서 : 동녘과 서녘 (2) 남북 : 남녘과 북녘 (3) 십중팔구 : 열 가운데 여덟이나 아홉 정도로 거의 대부분이거나 거의 틀림없음

확인학습 04

1. (1) 흙 토 (2) 나무 목 (3) 물 수 (4) 쇠 금 (5) 불 화

2. (1) 토 (2) 목 (3) 수 (4) 금 (5) 화

3. (1) ③ 土 (2) ⑤ 金 (3) ① 水 (4) ④ 木 (5) ② 火

4. (1) 화목 : 땔나무 (2) 수화 : 물과 불 (3) 토금 : 흙이나 모래 속에 섞여 있는 금

1. (1) 때 시　　　(2) 날(해) 일　　　(3) 해 년　　　(4) 달 월

2. (1) 년　　　　(2) 월　　　　　(3) 일　　　　　(4) 시

3. (1) ② 年　　　(2) ③ 日　　　　(3) ④ 月　　　　(4) ① 時

4. (1) 시년 : 그때의 나이　(2) 월일 : 달과 해, 달과 날

---

1. (1) 맏 형　　　(2) 어미 모　　　(3) 아비 부　　　(4) 아우 제

2. (1) 부　　　　(2) 제　　　　　(3) 모　　　　　(4) 형

3. (1) ③ 父　　　(2) ① 母　　　　(3) ④ 兄　　　　(4) ② 弟

4. (1) 부모 : 아버지와 어머니　(2) 형제 : 맏이와 아우, 형과 동생

---

1. (1) 배울 학　　　(2) 가르칠 교　　　(3) 학교 교　　　(4) 집 실

2. (1) 교　　　　(2) 학　　　　　(3) 실　　　　　(4) 교

3. (1) ① 室　　　(2) ② 學　　　　(3) ③ 校　　　　(4) ④ 敎

4. (1) 학교 : 배움터, 배우는 곳　(2) 교실 : 배우는 집(방)

---

1. (1) 바깥 외　　　(2) 사내 남　　　(3) 안 내　　　(4) 계집 녀

2. (1) 외　　　　(2) 여　　　　　(3) 내　　　　　(4) 남

3. (1) ① 女　　　(2) ④ 男　　　　(3) ③ 內　　　　(4) ② 外

4. (1) 남녀 : 사내와 계집, 남자와 여자　(2) 내외 : 안과 밖, 안팎

1. (1) 빌 공 　　(2) 마디 촌 　　(3) 모 방 　　(4) 사이 간

2. (1) 공 　　(2) 촌 　　(3) 방 　　(4) 간

3. (1) ① 間 　　(2) ② 寸 　　(3) ③ 空 　　(4) ④ 方

4. (1) 방촌 : 한 치 사방의 넓이 　(2) 공간 : 빈 곳

---

1. (1) 오를(오른)우 　(2) 설 립 　　(3) 임금 왕 　　(4) 왼 좌

2. (1) 좌 　　(2) 우 　　(3) 왕 　　(4) 립

3. (1) ① 王 　　(2) ④ 右 　　(3) ③ 立 　　(4) ② 左

4. (1) 좌우 : 왼쪽과 오른쪽　(2) 왕립 : 왕이 세움

---

1. (1) 윗 상 　　(2) 큰 대 　　(3) 아래 하 　　(4) 작을 소

2. (1) 상 　　(2) 소 　　(3) 하 　　(4) 대

3. (1) ③ 下 　　(2) ② 上 　　(3) ④ 大 　　(4) ① 小

4. (1) 상하 : 위와 아래　(2) 대소 : 크고 작음

---

1. (1) 강 강 (2) 나라 국 (3) 한수/한나라 한 (4) 한국/나라 한

2. (1) 한 　　(2) 강 　　(3) 한 　　(4) 국

3. (1) ② 江 　　(2) ③ 國 　　(3) ④ 漢 　　(4) ① 韓

4. (1) 한국 : 우리나라, 대한민국
   (2) 한강 : 우리나라 중부지방을 흐르는 강

확인학습 13

1. (1) 문 문　　(2) 길 도　　(3) 집 가　　(4) 효도 효

2. (1) 문　　(2) 도　　(3) 가　　(4) 효

3. (1) ① 道　　(2) ④ 家　　(3) ② 孝　　(4) ③ 門

4. (1) 효도 : 어버이를 섬기는 도리
　 (2) 가문 : 사회적 지위를 지닌 한집안

확인학습 14

1. (1) 바를 정　　(2) 일 사　　(3) 곧을 직　　(4) 매양 매

2. (1) 정　　(2) 매　　(3) 사　　(4) 직

3. (1) ③ 每　　(2) ① 事　　(3) ② 正　　(4) ④ 直

4. (1) 매사 : 모든 일, 하나하나의 일마다
　 (2) 정직 : 마음이 바르고 곧음

확인학습 15

1. (1) 밥/먹을 식　　(2) 메 산　　(3) 바다 해　　(4) 물건 물

2. (1) 식　　(2) 산　　(3) 해　　(4) 물

3. (1) ③ 食　　(2) ② 海　　(3) ④ 山　　(4) ① 物

4. (1) 산해 : 메(산)와 바다　(2) 식물 : 먹을 거리

확인학습 16

1. (1) 저자 시　　(2) 움직일 동　　(3) 마당 장　　(4) 살 활

2. (1) 시　　(2) 장　　(3) 동　　(4) 활

3. (1) ① 活　　(2) ④ 場　　(3) ② 市　　(4) ③ 動

4. (1) 시장 : 저자, 상품을 팔고 사는 장소
　 (2) 활동 : 살아 움직임

확인학습 **17**

1. (1) 긴 장　　　(2) 아들 자　　　(3) 성 성　　　(4) 이름 명

2. (1) 명　　　　(2) 성　　　　(3) 자　　　　(4) 장

3. (1) ① 子　　　(2) ② 名　　　(3) ③ 長　　　(4) ④ 姓

4. (1) 장자 : 맏아들　(2) 성명 : 성과 이름

확인학습 **18**

1. (1) 대답 답　　　(2) 아닐 불　　　(3) 온전 전　　　(4) 편안 안

2. (1) 답　　　　(2) 불　　　　(3) 안　　　　(4) 전

3. (1) ① 全　　　(2) ③ 答　　　(3) ② 不　　　(4) ④ 安

4. (1) 부답 : 대답하지 않음　(2) 안전 : 편안하고 위험이 없음

확인학습 **19**

1. (1) 푸를 청　　　(2) 흰 백　　　(3) 농사 농　　　(4) 군사 군

2. (1) 청　　　　(2) 백　　　　(3) 농　　　　(4) 군

3. (1) ③ 白　　　(2) ① 軍　　　(3) ② 農　　　(4) ④ 靑

4. (1) 청백 : 푸름과 흼, 청군과 백군
   (2) 농군 : 농민, 농사짓는 사람

확인학습 **20**

1. (1) 손 수　　　(2) 말씀 화　　　(3) 기록할 기　　　(4) 백성 민

2. (1) 수　　　　(2) 화　　　　(3) 민　　　　(4) 기

3. (1) ① 話　　　(2) ③ 手　　　(3) ④ 記　　　(4) ② 民

4. (1) 수기 : 손으로 기록함(적음)
   (2) 민화 : 백성들 사이에 전해 내려오는 옛날이야기

확인학습 21

1. (1) 낮 오   (2) 기운 기   (3) 힘 력   (4) 뒤 후

2. (1) 오   (2) 력   (3) 후   (4) 기

3. (1) ① 午   (2) ④ 氣   (3) ③ 力   (4) ② 後

4. (1) 오후 : 12시에서 24시 사이
    (2) 기력 : 기운과 힘

확인학습 22

1. (1) 날 생   (2) 앞 전   (3) 인간 세   (4) 먼저 선

2. (1) 선   (2) 생   (3) 전   (4) 세

3. (1) ④ 世   (2) ③ 前   (3) ① 先   (4) ② 生

4. (1) 선세 : 앞 선 세대
    (2) 전생 : 세상에 태어나기 이전의 삶

확인학습 23

1. (1) 수레 거(차)   (2) 사람 인   (3) 장인 공   (4) 번개 전

2. (1) 차   (2) 전   (3) 인   (4) 공

3. (1) ② 工   (2) ① 人   (3) ③ 電   (4) ④ 車

4. (1) 인공 : 사람이 만듦
    (2) 전차 : 전기의 힘으로 가는 차

확인학습 24

1. (1) 발 족   (2) 일만 만   (3) 평평할 평   (4) 스스로 자

2. (1) 족   (2) 만   (3) 평   (4) 자

3. (1) ④ 自   (2) ② 平   (3) ③ 足   (4) ① 萬

4. (1) 만평 : 넓이 일만 평
    (2) 자족 : 스스로 넉넉하게 여김(만족함)

人山人海

인산인해
사람이 수없이 많이 모인
상태를 이르는 말

漢字

(사) 한국어문회 주관 / 한국한자능력검정회 시행

부록 I

사자성어(四字成語)
반대자(反對字)

사자성어(四字成語)

國民年金	8 8 8 8 (국민연금)	8	일정 기간 또는 죽을 때까지 해마다 지급되는 일정액의 돈
南男北女	8 7Ⅱ 8 8 (남남북녀)	7Ⅱ	우리나라에서, 남자는 남쪽 지방 사람이 잘나고 여자는 북쪽 지방 사람이 고움을 이르는 말
大韓民國	8 8 8 8 (대한민국)	8	우리나라의 국호(나라이름)
東西南北	8 8 8 8 (동서남북)	8	동쪽, 서쪽, 남쪽, 북쪽이라는 뜻으로, 모든 방향을 이르는 말
父母兄弟	8 8 8 8 (부모형제)	8	아버지·어머니·형·아우라는 뜻으로, 가족을 이르는 말
四方八方	8 7Ⅱ 8 7Ⅱ (사방팔방)	7Ⅱ	여기 저기 모든 방향이나 방면
四海兄弟	8 7Ⅱ 8 8 (사해형제)	7Ⅱ	온 세상 사람이 모두 형제와 같다는 뜻으로, 친밀함을 이르는 말
三三五五	8 8 8 8 (삼삼오오)	8	서너 사람 또는 대여섯 사람이 떼를 지어 다니거나 무슨 일을 함
上下左右	7Ⅱ 7Ⅱ 7Ⅱ 7Ⅱ (상하좌우)	7Ⅱ	위·아래·왼쪽·오른쪽을 이르는 말로, 모든 방향을 이름
生年月日	8 8 8 8 (생년월일)	8	태어난 해와 달과 날
世上萬事	7Ⅱ 7Ⅱ 8 7Ⅱ (세상만사)	7Ⅱ	세상에서 일어나는 온갖 일
十中八九	8 8 8 8 (십중팔구)	8	열 가운데 여덟이나 아홉 정도로 거의 대부분이거나 거의 틀림없음
人山人海	8 8 8 7Ⅱ (인산인해)	7Ⅱ	사람이 수없이 많이 모인 상태를 이르는 말
土木工事	8 8 7Ⅱ 7Ⅱ (토목공사)	7Ⅱ	땅과 하천 따위를 고쳐 만드는 공사
八道江山	8 7Ⅱ 7Ⅱ 8 (팔도강산)	7Ⅱ	팔도의 강산이라는 뜻으로, 우리나라 전체의 강산을 이르는 말

반대자(反對字)

南 (남녘 남)	8	↔	北 (북녘 북)	8	女 (계집 녀)	8	↔	男 (사내 남) 7Ⅱ
大 (큰 대)	8	↔	小 (작을 소)	8	山 (메 산)	8	↔	江 (강 강) 7Ⅱ
東 (동녘 동)	8	↔	西 (서녘 서)	8	先 (먼저 선)	8	↔	後 (뒤 후) 7Ⅱ
母 (어미 모)	8	↔	父 (아비 부)	8	外 (바깥 외)	8	↔	內 (안 내) 7Ⅱ
民 (백성 민)	8	↔	王 (임금 왕)	8	上 (윗 상)	7Ⅱ	↔	下 (아래 하) 7Ⅱ
水 (물 수)	8	↔	火 (불 화)	8	手 (손 수)	7Ⅱ	↔	足 (발 족) 7Ⅱ
日 (날 일)	8	↔	月 (달 월)	8	右 (오른 우)	7Ⅱ	↔	左 (왼 좌) 7Ⅱ
弟 (아우 제)	8	↔	兄 (형 형)	8	前 (앞 전)	7Ⅱ	↔	後 (뒤 후) 7Ⅱ
學 (배울 학)	8	↔	敎 (가르칠 교)	8				

十中八九

십중팔구

열 가운데 여덟이나 아홉 정도로 거의 대부분이거나 거의 틀림 없음

漢字

(사) 한국어문회 주관 / 한국한자능력검정회 시행

부록 Ⅱ

최근 기출 & 실전문제

제 93회 기출문제 (2021. 07. 10)
제 94회 기출문제 (2021. 09. 11)
제 95회 기출문제 (2021. 11. 20)
제 96회 기출문제 (2022. 02. 26)
제 97회 기출문제 (2022. 05. 28)
제 98회 기출문제 (2022. 08. 27)

제1회 실전문제
제2회 실전문제

최근 기출 & 실전문제 정답

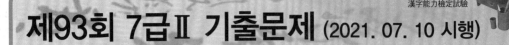
➡ 다음 밑줄 친 漢字語(한자어)의 音(음:소리)을 쓰세요. (1~22)

[예]
漢字 → 한자

(1) 지난 <u>七月</u>에는 우리가 사는 동네에도 많은 비가 내렸습니다.

(2) 우리 <u>江山</u>에 피어나는 들풀들을 소개해 주셨습니다.

(3) 1<u>校時</u>에는 우리가 사는 마을의 지도를 그려 보기로 했습니다.

(4) 하루 동안 있었던 일과 생각을 <u>日記</u>장에 적어봅니다.

(5) 우리 반 친구들 모두 <u>安全</u>하게 돌다리를 건넜습니다.

(6) 건강을 위해 규칙적인 <u>生活</u>을 하기로 했습니다.

(7) 이 공원은 많은 <u>市民</u>들이 쉬러 오는 곳입니다.

(8) <u>每年</u> 이맘때쯤엔 여러 가지 나물을 보내 주십니다.

(9) 겨울이 시작되자 아침 <u>大氣</u>가 제법 싸늘해졌습니다.

(10) 옆집에 사시는 <u>木手</u> 아저씨께서 의자를 만들어 주셨습니다.

(11) 아직 <u>不足</u>한 부분은 마저 채워 나가도록 하겠습니다.

(12) 시골에 계신 할아버지께 <u>電話</u>를 드렸습니다.

(13) 오늘 <u>午後</u>부터는 많은 눈이 내린다고 합니다.

(14) 여기까지 오는데 걸어서 <u>四十</u> 분 정도 걸렸습니다.

(15) 아버지는 <u>工場</u>에서 기계를 다루는 일을 하십니다.

(16) 이 우물이 <u>食水</u>로 사용이 가능한지 알아보기로 했습니다.

(17) 미술관에 가기 위해서는 이번 역에서 <u>下車</u>하면 됩니다.

(18) 작은 아버지는 <u>空軍</u> 부사관으로 복무하고 계십니다.

(19) 돌담 <u>左右</u>로 풀꽃들이 피어나기 시작했습니다.

(20) 이번 주말에는 동생과 <u>室內</u> 놀이를 하기로 했습니다.

(21) 이 마을 사람들은 갯벌을 메워 <u>農土</u>를 늘려갔습니다.

(22) 우리는 연극 무대 앞 <u>中間</u>쯤에 자리를 잡았습니다.

◑ 다음 漢字(한자)의 訓(훈:뜻)과 音(음:소리)을 쓰세요. (23~42)

[예]	漢 → 한나라 한

(23) 敎   (24) 直   (25) 長

(26) 五   (27) 答   (28) 先

(29) 海   (30) 正   (31) 學

(32) 姓   (33) 父   (34) 動

(35) 上   (36) 名   (37) 小

(38) 家   (39) 靑   (40) 孝

(41) 白   (42) 力

◑ 다음 밑줄 친 漢字語(한자어)를 〈보기〉에서 골라 그 번호를 쓰세요. (43~44)

[예]	① 二世	② 事前	③ 三寸	④ 人物

(43) 이 책에 나오는 <u>인물</u>에게 하고 싶은 말을 적어 봅시다.

(44) 이번에는 <u>사전</u>에 철저하게 준비를 하기로 했습니다.

다음 訓(훈:뜻)과 音(음:소리)에 맞는 漢字(한자)를 〈보기〉에서 골라 그 번호를 쓰세요. (45~54)

[예]				
① 平	② 外	③ 六	④ 東	⑤ 金
⑥ 男	⑦ 八	⑧ 萬	⑨ 九	⑩ 火

(45) 사내 남

(46) 여섯 륙

(47) 바깥 외

(48) 동녘 동

(49) 여덟 팔

(50) 평평할 평

(51) 일만 만

(52) 쇠 금 | 성(姓) 김

(53) 아홉 구

(54) 불 화

다음 漢字(한자)의 상대 또는 반대되는 漢字(한자)를 〈보기〉에서 골라 그 번호를 쓰세요. (55~56)

[예]			
① 母	② 南	③ 兄	④ 西

(55) ( ) ↔ 北

(56) 弟 ↔ ( )

⬥ 다음 뜻에 맞는 漢字語(한자어)를 〈보기〉에서 찾아 그 번호를 쓰세요.
(57~58)

[예]
　　① 自立　　　② 韓國　　　③ 王子　　　④ 方道

(57)　남에게 예속되거나 의지하지 아니하고 스스로 섬.

(58)　어떤 일을 하거나 문제를 풀어 가기 위한 방법과 도리.

⬥ 다음 漢字(한자)의 진하게 표시한 획은 몇 번째 쓰는지 〈보기〉에서 찾아 그 번호를 쓰세요. (59~60)

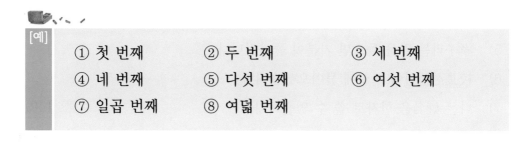

[예]
　　① 첫 번째　　　② 두 번째　　　③ 세 번째
　　④ 네 번째　　　⑤ 다섯 번째　　⑥ 여섯 번째
　　⑦ 일곱 번째　　⑧ 여덟 번째

(59)

女

(60)

門

제94회 7급Ⅱ 기출문제 (2021. 09. 11 시행)

㈜한국어문회 주관 · 한국한자능력검정회 시행

⭕ 다음 밑줄 친 漢字語(한자어)의 讀音(독음: 읽는 소리)을 쓰세요. (1~22)

[예]	漢字 → 한자

(1) 저녁에 온갖 海物을 넣어 맛있게 먹었습니다.

(2) 이 약은 하루 세 번 食後 30분마다 먹으라고 합니다.

(3) 토요일에 市立 도서관에 가서 책을 보았습니다.

(4) 저 그림은 마치 생명이 生動하는 것처럼 보입니다.

(5) 孝子라는 말을 들으면 기분이 좋아집니다.

(6) 校長선생님이 교실에 들어오셨습니다.

(7) 나는 姓名을 한자로 쓸 수 있습니다.

(8) 부모님의 平安과 건강을 빌었습니다.

(9) 수학문제의 正答을 알아냈습니다.

(10) 우리는 全力을 다해 힘껏 달렸습니다.

(11) 올해 줄다리기는 靑軍이 이겼습니다.

(12) 주말마다 農場에 가서 채소에 물을 줍니다.

(13) 준비 운동을 하기 위해 手足을 힘껏 움직였습니다.

(14) 자기 전에 매일 日記를 쓰고 있습니다.

(15) 電話를 할 때에는 용건만 간단히 합니다.

(16) 숙제를 午前에 다 마칠 수 있었습니다.

(17) 기침이 심하여 氣道가 막힐 뻔 했습니다.

(18) 온 <u>世上</u>에 흰 눈이 가득 내렸습니다.

(19) <u>工事</u> 때문에 통행에 어려움이 많았습니다.

(20) 오늘 간식 <u>時間</u>을 알려주세요.

(21) 우리나라는 <u>東方</u>의 예의바른 나라입니다.

(22) <u>家內</u>가 모두 행복해 보였습니다.

다음 漢字(한자)의 訓(훈: 뜻)과 音(음: 소리)을 쓰세요. (23~42)

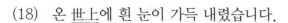

[예]	漢 → 한나라 한	

(23) 萬	(24) 民	(25) 室
(26) 直	(27) 活	(28) 火
(29) 自	(30) 中	(31) 人
(32) 水	(33) 二	(34) 不
(35) 先	(36) 母	(37) 六
(38) 一	(39) 白	(40) 木
(41) 王	(42) 敎	

다음 밑줄 친 漢字語(한자어)를 〈보기〉에서 골라 그 번호를 쓰세요. (43~44)

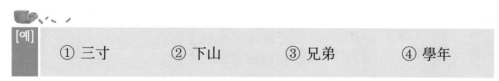

[예]	① 三寸	② 下山	③ 兄弟	④ 學年

(43) 아버지의 형제를 <u>삼촌</u>이라 부릅니다.

(44) <u>하산</u>하던 중에 친구를 만났습니다.

다음 訓(훈: 뜻)과 音(음: 소리)에 맞는 漢字(한자)를 〈보기〉에서 골라 그 번호를 쓰세요. (45~54)

[예]				
① 外	② 五	③ 大	④ 江	⑤ 父
⑥ 八	⑦ 九	⑧ 韓	⑨ 小	⑩ 七

(45) 일곱 칠

(46) 바깥 외

(47) 다섯 오

(48) 큰 대

(49) 강 강

(50) 아비 부

(51) 작을 소

(52) 한국 한

(53) 아홉 구

(54) 여덟 팔

다음 漢字(한자)의 상대 또는 반대되는 漢字(한자)를 〈보기〉에서 골라 그 번호를 쓰세요. (55~56)

[예]			
① 南	② 右	③ 車	④ 金

(55) ( ) ↔ 北

(56) 左 ↔ ( )

다음 뜻에 맞는 漢字語(한자어)를 〈보기〉에서 찾아 그 번호를 쓰세요. (57~58)

[예]
① 十月	② 男女	③ 國土	④ 西門

(57) 열두 달 가운데 열 번째 달

(58) 서쪽의 문

다음 漢字(한자)의 진하게 표시한 획은 몇 번째 쓰는지 〈보기〉에서 찾아 그 번호를 쓰세요. (59~60)

[예]
① 첫 번째	② 두 번째	③ 세 번째
④ 네 번째	⑤ 다섯 번째	⑥ 여섯 번째
⑦ 일곱 번째	⑧ 여덟 번째	

(59) 空

(60) 每

다음 밑줄 친 漢字語(한자어)의 音(음:소리)을 쓰세요. (1~22)

| [예] | 漢字 → 한자 |

(1) 놀이터 놀이기구들이 安全한지 검사를 한다고 합니다.

(2) 그 할머니는 每日 공원에 오셔서 쓰레기를 주우십니다.

(3) 우리 집은 '生活 속 플라스틱 줄이기' 캠페인에 참여합니다.

(4) 오늘 아침 學校 가는 길에 소나기를 만났습니다.

(5) 이 世上에는 궁금한 것들이 너무도 많습니다.

(6) 집 안에 들어서자마자 電話벨이 울리기 시작했습니다.

(7) 우리는 손수 만든 부채를 市民과 함께 나누기로 했습니다.

(8) 어머니는 木手 아저씨에게 창틀을 고쳐달라고 하셨습니다.

(9) 역에서 할머니 집까지는 걸어서 三十분 정도 걸립니다.

(10) 겨울철에 室內에서 키우기 좋은 화초를 골랐습니다.

(11) 안개가 자욱해서 前方이 잘 보이지 않습니다.

(12) 큰 소리가 나자 많은 사람들의 눈길이 一時에 쏠렸습니다.

(13) 이 동네에 새로 이사 온지도 벌써 四年이 지났습니다.

(14) 어제는 國軍 아저씨께 위문편지를 보냈습니다.

(15) 똑바로 서서 양쪽 팔을 水平이 되게 뻗어봅시다.

(16) 마지막 수업은 아름다운 우리 江山 그리기입니다.

(17) 미술관 입구 左右에 작은 동상이 서 있습니다.

(18) 아버지는 다음 달에 _海外_ 출장을 가십니다.

(19) 각자 소원을 적은 풍등을 _空中_ 으로 날려 보냅니다.

(20) 오늘은 _大氣_ 가 건조하고 온도도 낮다고 합니다.

(21) 왕은 세 _王子_ 들과 함께 사냥을 나갔습니다.

(22) 마을 한쪽에는 김치 _工場_ 이 들어서 있습니다.

다음 漢字(한자)의 訓(훈:뜻)과 音(음:소리)을 쓰세요. (23~42)

[예]

漢 → 한나라 한

(23) 敎	(24) 直	(25) 道
(26) 農	(27) 答	(28) 食
(29) 先	(30) 門	(31) 正
(32) 足	(33) 間	(34) 立
(35) 姓	(36) 自	(37) 動
(38) 家	(39) 靑	(40) 韓
(41) 孝	(42) 力	

다음 밑줄 친 漢字語(한자어)를 〈보기〉에서 골라 그 번호를 쓰세요. (43~44)

[예]

① 父母	② 人物	③ 午後	④ 九月

(43) 이 책에 나오는 <u>인물</u>들을 소개해 봅시다.

(44) 어제는 <u>오후</u> 내내 비가 내렸습니다.

다음 訓(훈:뜻)과 音(음:소리)에 맞는 漢字(한자)를 〈보기〉에서 골라 그 번호를 쓰세요. (45~54)

[예]	① 白	② 六	③ 金	④ 萬	⑤ 五
	⑥ 八	⑦ 東	⑧ 不	⑨ 土	⑩ 男

(45) 사내 남

(46) 동녘 동

(47) 여섯 륙

(48) 아닐 불

(49) 여덟 팔

(50) 흙 토

(51) 일만 만

(52) 쇠 금 | 성(姓) 김

(53) 흰 백

(54) 다섯 오

다음 漢字(한자)의 상대 또는 반대되는 漢字(한자)를 〈보기〉에서 골라 그 번호를 쓰세요. (55~56)

[예]	① 西	② 南	③ 寸	④ 弟

(55) (   ) ↔ 兄

(56) 北 ↔ (   )

다음 뜻에 맞는 漢字語(한자어)를 〈보기〉에서 찾아 그 번호를 쓰세요. (57~58)

[예]

① 漢名	② 下車	③ 小火	④ 記事

(57) 사실을 적음. 또는 그런 글.

(58) 타고 있던 차에서 내림.

다음 漢字(한자)의 진하게 표시한 획은 몇 번째 쓰는지 〈보기〉에서 찾아 그 번호를 쓰세요. (59~60)

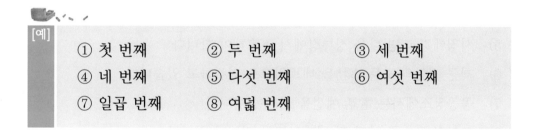

[예]

① 첫 번째	② 두 번째	③ 세 번째
④ 네 번째	⑤ 다섯 번째	⑥ 여섯 번째
⑦ 일곱 번째	⑧ 여덟 번째	

(59)  女

(60) 長

제96회 7급Ⅱ 기출문제 (2022. 02. 26 시행)

㈜한국어문회 주관 · 한국한자능력검정회 시행

➡️ 다음 밑줄 친 漢字語(한자어)의 音(음:소리)을 쓰세요. (1~22)

[예]

漢字 → 한자

(1) 볼에 부딪치는 <u>空氣</u>가 하루가 다르게 차가워졌습니다.

(2) 이 <u>世上</u>을 바른 길로 이끌어가는 사람이 되어야 합니다.

(3) 솔직하고 <u>正直</u>한 사람은 주변 사람들을 편안하게 만듭니다.

(4) 세계 속에서 <u>韓國</u>의 위상이 날로 높아지고 있습니다.

(5) 시청에 가려면 다음 정류장에서 <u>下車</u>해야 합니다.

(6) 최근 집안의 모든 <u>事物</u>을 네트워크로 연결하고 있습니다.

(7) 공공장소에서는 <u>電話</u> 예절을 지켜야 합니다.

(8) 도로의 <u>左右</u>를 살핀 뒤 횡단보도를 건너야 합니다.

(9) 다른 사람의 도움 없이 <u>自立</u>할 수 있는 능력을 길러야 합니다.

(10) 최근 몇 년 사이에 <u>海水</u>의 온도가 높아졌습니다.

(11) 부모님께 <u>孝道</u>하는 사람이 성공할 수 있어야 합니다.

(12) <u>萬一</u>의 경우에 대비하여 상비약을 준비해야 합니다.

(13) 일의 <u>大小</u>와 경중을 따져서 그에 맞게 대처해야 합니다.

(14) 신청서에는 <u>姓名</u>을 정확하게 기입해야 합니다.

(15) <u>靑年</u>들이 건강하고 행복해야 우리의 미래가 밝습니다.

(16) 처지를 <u>不平</u>하기보다 이를 극복하기 위해 노력해야 합니다.

(17) 의좋은 <u>兄弟</u> 이야기는 사람들의 마음을 훈훈하게 만듭니다.

(18) 건축 현장에서는 무엇보다도 <u>安全</u>이 중요합니다.

(19) 스승과 <u>學生</u>은 가르치고 배우면서 함께 성장합니다.

(20) 요즘에는 <u>手動</u> 변속기를 단 자동차를 보기 어렵습니다.

(21) 과거에는 <u>長男</u>에게 가업을 물려주는 일이 많았습니다.

(22) <u>時間</u>이 날 때에는 책을 읽는 습관을 들여야 합니다.

다음 漢字(한자)의 訓(훈:뜻)과 音(음:소리)을 쓰세요. (23~42)

[예]	漢 → 한나라 한

(23) 午   (24) 記   (25) 白

(26) 寸   (27) 答   (28) 中

(29) 活   (30) 母   (31) 敎

(32) 土   (33) 五   (34) 八

(35) 工   (36) 足   (37) 軍

(38) 七   (39) 南   (40) 月

(41) 校   (42) 民

다음 밑줄 친 漢字語(한자어)를 〈보기〉에서 골라 그 번호를 쓰세요. (43~44)

[예]	① 市場	② 東門	③ 江山	④ 北西

(43) 전통 <u>시장</u>에서는 훈훈한 인정을 느낄 수 있습니다.

(44) 아름다운 <u>강산</u>을 미래 세대에게 물려주어야 합니다.

다음 訓(훈:뜻)과 音(음:소리)에 맞는 漢字(한자)를 〈보기〉에서 골라 그 번호를 쓰세요. (45~54)

[예]
| ① 木 | ② 力 | ③ 父 | ④ 女 | ⑤ 九 |
| ⑥ 六 | ⑦ 人 | ⑧ 食 | ⑨ 金 | ⑩ 子 |

(45) 사람 인

(46) 아비 부

(47) 여섯 륙

(48) 나무 목

(49) 아들 자

(50) 힘 력

(51) 쇠 금

(52) 아홉 구

(53) 먹을 식

(54) 계집 녀

다음 漢字(한자)의 상대 또는 반대되는 漢字(한자)를 〈보기〉에서 골라 그 번호를 쓰세요. (55~56)

[예]
| ① 火 | ② 室 | ③ 後 | ④ 內 |

(55) (　) ↔ 外

(56) 前 ↔ (　)

다음 뜻에 맞는 漢字語(한자어)를 〈보기〉에서 찾아 그 번호를 쓰세요. (57~58)

| [예] | ① 先王 | ② 農家 | ③ 每日 | ④ 四方 |

(57) 농사를 짓는 사람이 사는 집.

(58) 하루하루. 하루하루마다.

다음 漢字(한자)의 진하게 표시한 획은 몇 번째 쓰는지 〈보기〉에서 찾아 그 번호를 쓰세요. (59~60)

[예]	① 첫 번째	② 두 번째	③ 세 번째
	④ 네 번째	⑤ 다섯 번째	⑥ 여섯 번째
	⑦ 일곱 번째	⑧ 여덟 번째	⑨ 아홉 번째
	⑩ 열 번째		

(59) 西

(60) 海

제97회 7급Ⅱ 기출문제 (2022. 05. 28 시행)

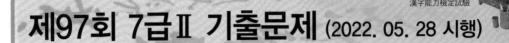

㈜한국어문회 주관 · 한국한자능력검정회 시행

다음 밑줄 친 漢字語(한자어)의 讀音(독음: 읽는 소리)을 쓰세요. (1~22)

[예]	漢字 → 한자

(1) 이웃집은 兄弟간에 우애가 좋기로 소문이 났습니다.

(2) 집수리가 끝날 때까지 당분간 이모네서 生活하기로 했습니다.

(3) 선생님은 수업 中間에 학생들에게 질문을 하셨습니다.

(4) 봄이 오면 江山에 예쁜 꽃들이 피어나기 시작합니다.

(5) 책에 나오는 人物에게 하고 싶은 말을 정리해 봅시다.

(6) 다음 주말에는 三寸네 가족과 야구장에 가기로 했습니다.

(7) 누나의 달리기 실력은 全校에서 손가락 안에 꼽힙니다.

(8) 할아버지 댁에 도착하자마자 집에 電話를 드렸습니다.

(9) '풍속화의 大家 김홍도'를 읽고 물음에 답하여 봅시다.

(10) 지난주부터 水道 공사를 하느라 도로가 통제되었습니다.

(11) 할머니는 솜씨 좋은 木手를 불러 옷장을 짜 달라고 했습니다.

(12) 이번 행사에는 子女들과 함께 참여하시기 바랍니다.

(13) 그들은 헤어진 지 四十 년 만에 극적으로 상봉했습니다.

(14) 큰 아버지는 空軍으로 복무하고 계십니다.

(15) 이 음악은 海外에서 먼저 인기를 끌기 시작했습니다.

(16) 우리 가족이 모두 平安하고 건강하기를 빌었습니다.

(17) 답안지에는 수험번호와 姓名, 생년월일을 적습니다.

(18) 내일 <u>午前</u>까지 전국적으로 많은 눈이 내린다고 합니다.

(19) 그는 아르바이트를 하며 학비를 <u>自力</u>으로 마련했습니다.

(20) <u>世上</u>에는 우리가 알지 못하는 신비한 일들이 많습니다.

(21) 커다란 나무들이 우리가 걷는 길 <u>左右</u>에 늘어서 있습니다.

(22) 열차가 잠시 멈추고 <u>車內</u> 방송이 흘러나오기 시작했습니다.

⬤ 다음 漢字(한자)의 訓(훈:뜻)과 音(음:소리)을 쓰세요. (23~42)

[예]

漢 → 한나라 한

(23) 敎	(24) 直	(25) 農
(26) 五	(27) 答	(28) 場
(29) 食	(30) 方	(31) 門
(32) 正	(33) 足	(34) 學
(35) 火	(36) 下	(37) 動
(38) 事	(39) 工	(40) 靑
(41) 韓	(42) 孝	

⬤ 다음 밑줄 친 漢字語(한자어)를 〈보기〉에서 골라 그 번호를 쓰세요. (43~44)

[예]

① 東西	② 南北	③ 每年	④ 七月

(43) 냇물이 마을의 남북을 가로지르고 있습니다.

(44) 철새들이 매년 겨울이면 이곳으로 날아듭니다.

다음 訓(훈:뜻)과 音(음:소리)에 맞는 漢字(한자)를 〈보기〉에서 골라 그 번호를 쓰세요. (45~54)

[예]				
① 男	② 漢	③ 白	④ 六	⑤ 金
⑥ 萬	⑦ 不	⑧ 八	⑨ 土	⑩ 記

(45) 아닐 불

(46) 여섯 륙

(47) 일만 만

(48) 기록할 기

(49) 사내 남

(50) 흙 토

(51) 흰 백

(52) 여덟 팔

(53) 쇠 금 | 성(姓) 김

(54) 한수/한나라 한

다음 漢字(한자)의 상대 또는 반대되는 漢字(한자)를 〈보기〉에서 골라 그 번호를 쓰세요. (55~56)

[예]			
① 先	② 父	③ 小	④ 王

(55) ( ) ↔ 母

(56) 後 ↔ ( )

다음 뜻에 맞는 漢字語(한자어)를 〈보기〉에서 찾아 그 번호를 쓰세요. (57~58)

[예]

| ① 市長 | ② 一時 | ③ 日氣 | ④ 國立 |

(57) 그날그날의 비, 구름, 바람, 기온 따위가 나타나는 기상 상태.

(58) 공공의 이익을 위하여 나라의 예산으로 세우고 관리함.

다음 漢字(한자)의 진하게 표시한 획은 몇 번째 쓰는지 〈보기〉에서 찾아 그 번호를 쓰세요. (59~60)

[예]

① 첫 번째	② 두 번째	③ 세 번째
④ 네 번째	⑤ 다섯 번째	⑥ 여섯 번째
⑦ 일곱 번째	⑧ 여덟 번째	⑨ 아홉 번째

(59)

(60) 室

제98회 7급Ⅱ 기출문제 (2022. 08. 27 시행)

(社)한국어문회 주관 · 한국한자능력검정회 시행

➡ 다음 밑줄 친 漢字語(한자어)의 音(음:소리)을 쓰세요. (1~22)

[예]	漢字 → 한자

(1) 봄이면 온 江山에 진달래꽃이 흐드러지게 핍니다.

(2) 체육 시간은 오늘 삼 校時입니다.

(3) 삼촌은 海外 출장을 자주 나갑니다.

(4) 김홍도는 풍속화의 大家입니다.

(5) 이 工場은 내년부터 가동됩니다.

(6) 韓方 의학이 세계에 알려지기 시작했습니다.

(7) 몇 년 사이에 世上이 많이 변하였습니다.

(8) 계곡을 막아 水力 발전소를 만들었습니다.

(9) 이장님은 솜씨 좋은 木手입니다.

(10) 생선 가시가 食道에 걸려 목이 따끔거립니다.

(11) 아버지는 매주 할머니께 電話를 걸어 안부를 묻습니다.

(12) 가구별 평균 子女 수가 점점 줄어들고 있습니다.

(13) 독수리가 左右 날개를 활짝 펴고 날아오릅니다.

(14) 사방이 차단된 室內는 몹시 더웠습니다.

(15) 학교 正門에서 철수를 만나기로 했습니다.

(16) 마당극은 平民들의 문화를 잘 보여줍니다.

(17) 석유는 절대 火氣 옆에 보관해서는 안 됩니다.

(18) 어머니는 <u>每月</u> 5만 원씩 용돈을 주십니다.

(19) 우리나라의 <u>年間</u> 수출량이 늘었습니다.

(20) 승객 여러분들을 목적지까지 <u>安全</u>하게 모시겠습니다.

(21) 서류에 주소와 <u>姓名</u>을 적었습니다.

(22) 가람이는 매일 <u>日記</u>를 씁니다.

다음 漢字(한자)의 訓(훈:뜻)과 音(음:소리)을 쓰세요. (23~42)

[예]	漢 → 한나라 한	

(23) 六	(24) 孝	(25) 白
(26) 立	(27) 四	(28) 二
(29) 寸	(30) 學	(31) 王
(32) 東	(33) 一	(34) 中
(35) 敎	(36) 母	(37) 五
(38) 金	(39) 九	(40) 弟
(41) 午	(42) 男	

다음 밑줄 친 漢字語(한자어)를 〈보기〉에서 골라 그 번호를 쓰세요. (43~44)

[예]	① 人事	② 農父	③ 生物	④ 市長

(43) 물과 공기가 없다면 생물이 살 수 없습니다.

(44) 평생 농사일만 해온 농부가 쟁기질을 합니다.

다음 訓(훈:뜻)과 音(음:소리)에 맞는 漢字(한자)를 〈보기〉에서 골라 그 번호를 쓰세요. (45~54)

[예]				
① 八	② 兄	③ 西	④ 萬	⑤ 土
⑥ 七	⑦ 小	⑧ 十	⑨ 三	⑩ 答

(45) 대답 답

(46) 형 형

(47) 서녘 서

(48) 일곱 칠

(49) 작을 소

(50) 흙 토

(51) 일만 만

(52) 석 삼

(53) 열 십

(54) 여덟 팔

다음 漢字(한자)의 상대 또는 반대되는 漢字(한자)를 〈보기〉에서 골라 그 번호를 쓰세요. (55~56)

[예]			
① 下	② 後	③ 北	④ 足

(55) ( ) ↔ 先

(56) 南 ↔ ( )

다음 뜻에 맞는 漢字語(한자어)를 〈보기〉에서 찾아 그 번호를 쓰세요. (57~58)

[예]	① 不動	② 自活	③ 直前	④ 空車

(57) 사람이나 짐을 싣지 않은 비어 있는 차.

(58) 움직이지 않음.

다음 漢字(한자)의 진하게 표시한 획은 몇 번째 쓰는지 〈보기〉에서 찾아 그 번호를 쓰세요. (59~60)

[예]	① 첫 번째	② 두 번째	③ 세 번째
	④ 네 번째	⑤ 다섯 번째	⑥ 여섯 번째
	⑦ 일곱 번째	⑧ 여덟 번째	⑨ 아홉 번째

(59) 軍

(60) 青

제1회 7급Ⅱ 실전문제

㈜한국어문회 주관 · 한국한자능력검정회 시행

➡ 다음 밑줄 친 漢字語(한자어)의 音(음:소리)을 쓰세요. (1~32)

[예]

漢字 → 한자

(1) 최근에 江水가 많이 맑아졌다.
(2) 철수가 쓴 것이 正答이다.
(3) 방학 중에 봉사 活動을 하였다.
(4) 동해안에 가니 靑海가 아름답다.
(5) 이 문제를 해결할 方道가 있다.
(6) 한 여름 生食은 주의해야 한다.
(7) 家內 두루 평안 하신지를 여쭈었다.
(8) 삼촌은 자전거 全國 일주를 시도하셨다.
(9) 사람은 萬物의 영장이다.
(10) 공연이 열리는 場所에 도착했다.
(11) 유명한 木手가 지은 집이다.
(12) 토론에서 中道적 입장을 취했다.
(13) 부모님 姓名을 한자로 쓸 줄 안다.
(14) 방과 후 철수와 함께 民話를 읽었다.
(15) 반 친구들의 미술 작품으로 敎室을 꾸몄다.
(16) 王子는 어려서부터 배움을 즐겼다.
(17) 오늘은 學校 운동회 날이다.
(18) 특정 스승의 문하에서 배우는 사람을 門人이라 한다.
(19) 우리 마을 電氣 승압 공사를 시행했다.
(20) 오늘은 午前수업만 하였다.
(21) 이웃나라의 火山이 폭발하였다.
(22) 영희는 白花를 특별히 좋아한다.
(23) 아저씨는 農事지을 땅을 마련하셨다.
(24) 우리 두 사람은 四寸 형제간이다.
(25) 사정상 여행은 後日로 미루었다.

(26) 빈 空間을 활용하여 창고를 지었다.
(27) 주말에 父母님과 박물관에 갔다.
(28) 형은 海軍에서 복무하고 있다.
(29) 날이 어두워지기 전에 서둘러 下山하였다.
(30) 영수는 장애를 극복하고 自活의 길을 찾았다.
(31) 부모님 모두 平安하십니다.
(32) 재래市場의 건물을 현대식으로 증축하였다.

▶ 다음 漢字(한자)의 訓(훈:뜻)과 音(음:소리)을 쓰세요. (33~51)

[예]	字 → 글자 자

(33) 工   (34) 答   (35) 六   (36) 立
(37) 手   (38) 先   (39) 方   (40) 每
(41) 事   (42) 足   (43) 長   (44) 寸
(45) 七   (46) 靑   (47) 火   (48) 世
(49) 時   (50) 木   (51) 食

▶ 다음 漢字語(한자어)의 뜻을 우리말로 쓰세요. (52~53)

(52) 大門

(53) 室內

▶ 다음 訓(훈)과 音(음)에 맞는 漢字(한자)를 例(예)에서 골라 그 번호를 쓰세요.
(54~63)

[예]	① 長 ② 漢 ③ 八 ④ 弟 ⑤ 話 ⑥ 直 ⑦ 自 ⑧ 五 ⑨ 土 ⑩ 白

(54) 흙 토   (55) 아우 제

(56) 곧을 직   (57) 한수 한

(58) 말씀 화   (59) 여덟 팔

(60) 흰 백   (61) 스스로 자

(62) 다섯 오   (63) 긴 장

➡ 다음 漢字(한자)의 상대 또는 반대되는 漢字(한자)를 例(예)에서 골라 그 번호를 쓰세요. (64~65)

[예]	① 下	② 右	③ 男
	④ 北	⑤ 不	⑥ 三

(64) 左 ↔ (　　)

(65) 南 ↔ (　　)

➡ 다음 문장에서 밑줄 친 단어의 漢字(한자)를 例(예)에서 골라 그 번호를 쓰세요. (66)

[예]	① 東西	② 家人
	③ 兄弟	④ 孝女

(66) 효녀 심청이는 아버지의 눈을 뜨게 하였다.

다음 문장에서 밑줄 친 단어와 같은 뜻을 지닌 漢字(한자)를 例(예)에서 골라 번호를 쓰세요. (67 ~ 68)

[예]

① 農   ② 午

③ 海   ④ 外

(67) 창을 열고 <u>밖</u>을 내다 보았다.

(68) <u>낮</u>과 밤

다음 漢字(한자)의 진하게 표시한 획은 몇 번째 쓰는지 〈보기〉에서 찾아 그 번호를 쓰세요. (69~70)

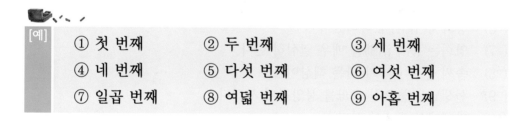

[예]

① 첫 번째   ② 두 번째   ③ 세 번째

④ 네 번째   ⑤ 다섯 번째   ⑥ 여섯 번째

⑦ 일곱 번째   ⑧ 여덟 번째   ⑨ 아홉 번째

(69)  江

(70) 左

제2회 7급 Ⅱ 실전문제

漢字能力檢定試驗

㈜한국어문회 주관 · 한국한자능력검정회 시행

⊙ 다음 밑줄 친 漢字語(한자어)의 音(음:소리)을 쓰세요. (1~32)

[예]

漢字 → 한자

(1) 철수는 부모님께 <u>孝道</u>한다.
(2) 오늘 <u>校門</u>을 넓히는 공사를 시행했다.
(3) 영수는 수학 문제의 <u>正答</u>을 알아 내었다.
(4) 우리는 <u>大韓</u>의 아들딸이다.
(5) 그 지역은 <u>農土</u>가 모두 비옥하다.
(6) 방과 후 <u>南山</u>에 다녀왔다.
(7) 영희는 봉사 <u>活動</u>을 매우 열심히 한다.
(8) 솜씨 좋은 <u>木手</u>가 만든 책상이다.
(9) 선생님은 늙으신 <u>父母</u>를 봉양하며 사신다.
(10) 가게에서 <u>生水</u>를 샀다.
(11) 우리 고을 <u>山名</u>은 본래는 한글 말이었다.
(12) 오랜만에 <u>六寸</u> 오빠를 만났다.
(13) 날이 더워지면서 <u>電力</u> 사용량이 늘었다.
(14) 일의 <u>先後</u>를 가려 처리하였다.
(15) 철수는 약속 <u>時間</u>을 잘 지킨다.
(16) 법은 <u>萬民</u>에게 평등하게 집행되어야 한다.
(17) 그 나라는 <u>國王</u> 탄생일을 기념한다.
(18) 추석은 음력 <u>八月</u>에 있다
(19) 두 <u>兄弟</u>는 매우 우애가 깊었다.
(20) 아버지와 함께 <u>上空</u>에 연을 띄웠다.
(21) 우리 집은 어머니가 <u>家長</u>이다.
(22) 영화 상영 <u>直前</u>에 영화관에 도착하였다.

(23) 그는 <u>男女</u>평등을 주장하였다.

(24) <u>靑年</u>은 나라의 일꾼입니다.

(25) <u>下午</u>의 햇살이 서녘 창가로 비친다.

(26) 그 일이 있은 뒤 <u>四方</u>에서 의병이 일어났다.

(27) 정부는 국민의 <u>安全</u>에 최선을 다해야 한다.

(28) 그는 <u>自立</u>하여 따로 가게를 차렸다.

(29) 운동회에서 <u>白軍</u>이 되었다.

(30) 이곳은 제지<u>工場</u>이 유명하다.

(31) 바닷길을 따라 <u>東西</u>로 고속도로가 뚫렸다.

(32) 축구 때문에 경기장 <u>內外</u>가 관중으로 붐볐다.

▶ 다음 漢字(한자)의 訓(훈:뜻)과 音(음:소리)을 쓰세요. (33~51)

[예]	字 → 글자 자	

(33) 寸	(34) 七	(35) 人
(36) 道	(37) 農	(38) 間
(39) 力	(40) 孝	(41) 食
(42) 五	(43) 父	(44) 十
(45) 小	(46) 敎	(47) 市
(48) 王	(49) 全	(50) 九
(51) 不		

▶ 다음 漢字語(한자어)의 뜻을 우리말로 쓰세요. (52~53)

(52) 正直

(53) 食水

다음 訓(훈:뜻)과 音(음:소리)에 맞는 漢字(한자)를 例(예)에서 골라 그 번호를 쓰세요. (54~63)

[예]

| ① 車 | ② 世 | ③ 小 | ④ 場 | ⑤ 市 |
| ⑥ 子 | ⑦ 五 | ⑧ 靑 | ⑨ 月 | ⑩ 足 |

(54) 아들 자   (55) 다섯 오

(56) 인간 세   (57) 마당 장

(58) 저자 시   (59) 수레 거

(60) 작을 소   (61) 달 월

(62) 발 족   (63) 푸를 청

다음 漢字(한자)의 상대 또는 반대되는 漢字(한자)를 例(예)에서 골라 그 번호를 쓰세요. (64~65)

[예]

| ① 自 | ② 中 | ③ 七 |
| ④ 火 | ⑤ 手 | ⑥ 東 |

(64) 水 ↔ ( )   (65) 足 ↔ ( )

다음 문장에서 밑줄 친 단어의 漢字(한자)를 例(예)에서 골라 그 번호를 쓰세요. (66)

[예]

| ① 每日 | ② 年日 |
| ③ 事物 | ④ 動物 |

(66) 우리 아버지는 <u>매일</u> 아침 신문을 보십니다.

다음 문장에서 밑줄 친 단어와 같은 뜻을 지닌 漢字(한자)를 例(예)에서 골라 그 번호를 쓰세요. (67~68)

[예]
① 江 　　　　　 ② 海
③ 內 　　　　　 ④ 室

(67) 우리나라는 삼면이 바다입니다.

(68) 방 안에 컴퓨터 책상을 들여 놓았습니다.

다음 漢字(한자)의 진하게 표시한 획은 몇 번째 쓰는지 〈보기〉에서 찾아 그 번호를 쓰세요. (69~70)

[예]
① 첫 번째 　　　② 두 번째 　　　③ 세 번째
④ 네 번째 　　　⑤ 다섯 번째 　　⑥ 여섯 번째
⑦ 일곱 번째 　　⑧ 여덟 번째 　　⑨ 아홉 번째

(69) 右

(70) 正

제93회 7급Ⅱ 기출문제 답안지

■ 사단법인 한국어문회 • 한국한자능력검정회　　　　2021. 07. 10. (토)　　　　7 2 1 ■

수험번호 □□□-□□-□□□□　　　　성명 □□□□□

생년월일 □□□□□□　　※ 유성 싸인펜, 붉은색 필기구 사용 불가.

※ 답안지는 컴퓨터로 처리되므로 구기거나 더럽히지 마시고, 정답 칸 안에만 쓰십시오.
　 글씨가 채점란으로 들어오면 오답처리가 됩니다.

제93회 전국한자능력검정시험 7급Ⅱ 답안지(1)

번호	정답	1검	2검	번호	정답	1검	2검	번호	정답	1검	2검
1	칠월			10	목수			19	좌우		
2	강산			11	부족			20	실내		
3	교시			12	전화			21	농토		
4	일기			13	오후			22	중간		
5	안전			14	사십			23	가르칠 교		
6	생활			15	공장			24	곧을 직		
7	시민			16	식수			25	긴 장		
8	매년			17	하차			26	다섯 오		
9	대기			18	공군			27	대답 답		

감독위원	채점위원(1)		채점위원(2)		채점위원(3)	
(서명)	(득점)	(서명)	(득점)	(서명)	(득점)	(서명)

※ 본 답안지는 컴퓨터로 처리되므로 구겨지거나 더렵혀지지 않도록 조심하시고 글씨를 칸 안에 또박또박 쓰십시오.

제93회 전국한자능력검정시험 7급Ⅱ 답안지(2)

번호	정답	1검	2검	번호	정답	1검	2검	번호	정답	1검	2검
	답안란	채점란			답안란	채점란			답안란	채점란	
28	먼저 선			39	푸를 청			50	①		
29	바다 해			40	효도 효			51	⑧		
30	바를 정			41	흰 백			52	⑤		
31	배울 학			42	힘 력			53	⑨		
32	성 성			43	④			54	⑩		
33	아비 부			44	②			55	②		
34	움직일 동			45	⑥			56	③		
35	윗 상			46	③			57	①		
36	이름 명			47	②			58	④		
37	작을 소			48	④			59	③		
38	집 가			49	⑦			60	⑧		

부록 Ⅱ

제94회 7급 II 기출문제 답안지

■ 사단법인 한국어문회 • 한국한자능력검정회   2021. 09. 11. (토)   ⑦②① ■

수험번호	□□□ - □□ - □□□□	성명 □□□□□
생년월일	□□□□□□	※ 유성 싸인펜, 붉은색 필기구 사용 불가.

※ 답안지는 컴퓨터로 처리되므로 구기거나 더럽히지 마시고, 정답 칸 안에만 쓰십시오.
글씨가 채점란으로 들어오면 오답처리가 됩니다.

제94회 전국한자능력검정시험 7급 II 답안지(1)

번호	정답	1검	2검	번호	정답	1검	2검	번호	정답	1검	2검
1	해물			10	전력			19	공사		
2	식후			11	청군			20	시간		
3	시립			12	농장			21	동방		
4	생동			13	수족			22	가내		
5	효자			14	일기			23	일만 만		
6	교장			15	전화			24	백성 민		
7	성명			16	오전			25	집 실		
8	평안			17	기도			26	곧을 직		
9	정답			18	세상			27	살 활		

감독위원	채점위원(1)		채점위원(2)		채점위원(3)	
(서명)	(득점)	(서명)	(득점)	(서명)	(득점)	(서명)

※ 본 답안지는 컴퓨터로 처리되므로 구겨지거나 더럽혀지지 않도록 조심하시고 글씨를 칸 안에 또박또박 쓰십시오.

제94회 전국한자능력검정시험 7급Ⅱ 답안지(2)

번호	정답	1검	2검	번호	정답	1검	2검	번호	정답	1검	2검
28	불 화			39	흰 백			50	⑤		
29	스스로 자			40	나무 목			51	⑨		
30	가운데 중			41	임금 왕			52	⑧		
31	사람 인			42	가르칠 교			53	⑦		
32	물 수			43	①			54	⑥		
33	두 이			44	②			55	①		
34	아니 불			45	⑩			56	②		
35	먼저 선			46	①			57	①		
36	어미 모			47	②			58	④		
37	여섯 륙			48	③			59	⑤		
38	한 일			49	④			60	⑦		

제95회 7급 II 기출문제 답안지

■ 사단법인 한국어문회 • 한국한자능력검정회　　　　2021. 11. 20. (토)　　7 2 1 ■

수험번호 □□□-□□-□□□□　　　성명 □□□□□

생년월일 □□□□□□　　※ 유성 싸인펜, 붉은색 필기구 사용 불가.

※ 답안지는 컴퓨터로 처리되므로 구기거나 더럽히지 마시고, 정답 칸 안에만 쓰십시오.
　 글씨가 채점란으로 들어오면 오답처리가 됩니다.

제95회 전국한자능력검정시험 7급 II 답안지(1)

번호	정답	1검	2검	번호	정답	1검	2검	번호	정답	1검	2검
1	안전			10	실내			19	공중		
2	매일			11	전방			20	대기		
3	생활			12	일시			21	왕자		
4	학교			13	사년			22	공장		
5	세상			14	국군			23	가르칠 교		
6	전화			15	수평			24	곧을 직		
7	시민			16	강산			25	길 도		
8	목수			17	좌우			26	농사 농		
9	삼십			18	해외			27	대답 답		

감독위원	채점위원(1)		채점위원(2)		채점위원(3)	
(서명)	(득점)	(서명)	(득점)	(서명)	(득점)	(서명)

※ 본 답안지는 컴퓨터로 처리되므로 구겨지거나 더렵혀지지 않도록 조심하시고 글씨를 칸 안에 또박또박 쓰십시오.

제95회 전국한자능력검정시험 7급Ⅱ 답안지(2)

번호	정답	1검	2검	번호	정답	1검	2검	번호	정답	1검	2검
	답안란	채점란			답안란	채점란			답안란	채점란	
28	밥/먹을 식			39	푸를 청			50	⑨		
29	먼저 선			40	한국/나라 한			51	④		
30	문 문			41	효도 효			52	③		
31	바를 정			42	힘 력			53	①		
32	발 족			43	②			54	⑤		
33	사이 간			44	③			55	④		
34	설 립			45	⑩			56	②		
35	성 성			46	⑦			57	④		
36	스스로 자			47	②			58	②		
37	움직일 동			48	⑧			59	③		
38	집 가			49	⑥			60	⑦		

부록 Ⅱ

제96회 7급Ⅱ 기출문제 답안지

■ 사단법인 한국어문회 • 한국한자능력검정회 　　　2022. 02. 26. (토)　　　7 2 1 ■

수험번호 □□□－□□－□□□□　　　성명 □□□□□

생년월일 □□□□□□　※ 유성 싸인펜, 붉은색 필기구 사용 불가.

※ 답안지는 컴퓨터로 처리되므로 구기거나 더럽히지 마시고, 정답 칸 안에만 쓰십시오.
　글씨가 채점란으로 들어오면 오답처리가 됩니다.

제96회 전국한자능력검정시험 7급Ⅱ 답안지(1)

번호	정답	1검	2검	번호	정답	1검	2검	번호	정답	1검	2검
1	공기			10	해수			19	학생		
2	세상			11	효도			20	수동		
3	정직			12	만일			21	장남		
4	한국			13	대소			22	시간		
5	하차			14	성명			23	낮 오		
6	사물			15	청년			24	기록할 기		
7	전화			16	불평			25	흰 백		
8	좌우			17	형제			26	마디 촌		
9	자립			18	안전			27	대답 답		

감독위원	채점위원(1)		채점위원(2)		채점위원(3)	
(서명)	(득점)	(서명)	(득점)	(서명)	(득점)	(서명)

※ 본 답안지는 컴퓨터로 처리되므로 구겨지거나 더럽혀지지 않도록 조심하시고 글씨를 칸 안에 또박또박 쓰십시오.

제96회 전국한자능력검정시험 7급Ⅱ 답안지(2)

번호	정답	1검	2검	번호	정답	1검	2검	번호	정답	1검	2검
28	가운데 중			39	남녘 남			50	②		
29	살 활			40	달 월			51	⑨		
30	어미 모			41	학교 교			52	⑤		
31	가르칠 교			42	백성 민			53	⑧		
32	흙 토			43	①			54	④		
33	다섯 오			44	③			55	④		
34	여덟 팔			45	⑦			56	③		
35	장인 공			46	③			57	②		
36	발 족			47	⑥			58	③		
37	군사 군			48	①			59	⑤		
38	일곱 칠			49	⑩			60	⑩		

부록Ⅱ

제97회 7급Ⅱ 기출문제 답안지

■ 사단법인 한국어문회 • 한국한자능력검정회　　　　2022. 05. 28. (토)　　　7 2 1 ■

수험번호 □□□-□□-□□□□　　　　성명 □□□□□

생년월일 □□□□□□　※ 유성 싸인펜, 붉은색 필기구 사용 불가.

※ 답안지는 컴퓨터로 처리되므로 구기거나 더럽히지 마시고, 정답 칸 안에만 쓰십시오.
　　글씨가 채점란으로 들어오면 오답처리가 됩니다.

제97회 전국한자능력검정시험 7급Ⅱ 답안지(1)

번호	정답	1검	2검	번호	정답	1검	2검	번호	정답	1검	2검
1	형제			10	수도			19	자력		
2	생활			11	목수			20	세상		
3	중간			12	자녀			21	좌우		
4	강산			13	사십			22	차내		
5	인물			14	공군			23	가르칠 교		
6	삼촌			15	해외			24	곧을 직		
7	전교			16	평안			25	농사 농		
8	전화			17	성명			26	다섯 오		
9	대가			18	오전			27	대답 답		

감독위원	채점위원(1)		채점위원(2)		채점위원(3)	
(서명)	(득점)	(서명)	(득점)	(서명)	(득점)	(서명)

※ 본 답안지는 컴퓨터로 처리되므로 구겨지거나 더렵혀지지 않도록 조심하시고 글씨를 칸 안에 또박또박 쓰십시오.

제97회 전국한자능력검정시험 7급 Ⅱ 답안지(2)

번호	정답	1검	2검	번호	정답	1검	2검	번호	정답	1검	2검
28	마당 장			39	장인 공			50	⑨ 土		
29	밥/먹을 식			40	푸를 청			51	③ 白		
30	모[楞] 방			41	한국/나라 한			52	⑧ 八		
31	문 문			42	효도 효			53	⑤ 金		
32	바를 정			43	② 南北			54	② 漢		
33	발 족			44	③ 每年			55	② 父		
34	배울 학			45	⑦ 不			56	① 先		
35	불 화			46	④ 六			57	③ 日氣		
36	아래 하			47	⑥ 萬			58	④ 國立		
37	움직일 동			48	⑩ 記			59	③ 세 번째		
38	일 사			49	① 男			60	⑨ 아홉 번째		

제98회 7급 II 기출문제 답안지

■ 사단법인 한국어문회 • 한국한자능력검정회　　　　2022. 08. 27. (토)　　　7 2 1 ■

수험번호 □□□ - □□ - □□□□　　　　성명 □□□□□
생년월일 □□□□□□　　※ 유성 싸인펜, 붉은색 필기구 사용 불가.

※ 답안지는 컴퓨터로 처리되므로 구기거나 더럽히지 마시고, 정답 칸 안에만 쓰십시오.
　글씨가 채점란으로 들어오면 오답처리가 됩니다.

제98회 전국한자능력검정시험 7급 II 답안지(1)

번호	정답	1검	2검	번호	정답	1검	2검	번호	정답	1검	2검
1	강산			10	식도			19	년간		
2	교시			11	전화			20	안전		
3	해외			12	자녀			21	성명		
4	대가			13	좌우			22	일기		
5	공장			14	실내			23	여섯 륙		
6	한방			15	정문			24	효도 효		
7	세상			16	평민			25	흰 백		
8	수력			17	화기			26	설 립		
9	목수			18	매월			27	넉 사		

감독위원	채점위원(1)		채점위원(2)		채점위원(3)	
(서명)	(득점)	(서명)	(득점)	(서명)	(득점)	(서명)

※ 본 답안지는 컴퓨터로 처리되므로 구겨지거나 더렵혀지지 않도록 조심하시고 글씨를 칸 안에 또박또박 쓰십시오.

제98회 전국한자능력검정시험 7급Ⅱ 답안지(2)

번호	정답	1검	2검	번호	정답	1검	2검	번호	정답	1검	2검
28	두 이			39	아홉 구			50	⑤ 土		
29	마디 촌			40	아우 제			51	④ 萬		
30	배울 학			41	낮 오			52	⑨ 三		
31	임금 왕			42	사내 남			53	⑧ 十		
32	동녘 동			43	③ 生物			54	① 八		
33	한 일			44	② 農父			55	② 後		
34	가운데 중			45	⑩ 答			56	③ 北		
35	가르칠 교			46	② 兄			57	④ 空車		
36	어미 모			47	③ 西			58	① 不動		
37	다섯 오			48	⑥ 七			59	⑧		
38	쇠 금 | 성 김			49	⑦ 小			60	⑤		

제1회 7급Ⅱ 실전문제 답안지

■ 사단법인 한국어문회 · 한국한자능력검정회 　　　　　　　 7 2 1 ■

수험번호 □□□－□□－□□□□　　　　성명 □□□□□

생년월일 □□□□□□　　※ 유성 싸인펜, 붉은색 필기구 사용 불가.

※ 답안지는 컴퓨터로 처리되므로 구기거나 더럽히지 마시고, 정답 칸 안에만 쓰십시오.
　 글씨가 채점란으로 들어오면 오답처리가 됩니다.

제1회 전국한자능력검정시험 7급Ⅱ 실전문제 답안지(1)

번호	정답	1검	2검	번호	정답	1검	2검	번호	정답	1검	2검
1	강수			12	중도			23	농사		
2	정답			13	성명			24	사촌		
3	활동			14	민화			25	후일		
4	청해			15	교실			26	공간		
5	방도			16	왕자			27	부모		
6	생식			17	학교			28	해군		
7	가내			18	문인			29	하산		
8	전국			19	전기			30	자활		
9	만물			20	오전			31	평안		
10	장소			21	화산			32	시장		
11	목수			22	백화			33	장인 공		

감독위원	채점위원(1)		채점위원(2)		채점위원(3)	
(서명)	(득점)	(서명)	(득점)	(서명)	(득점)	(서명)

※ 본 답안지는 컴퓨터로 처리되므로 구겨지거나 더렵혀지지 않도록 조심하시고 글씨를 칸 안에 또박또박 쓰십시오.

제1회 전국한자능력검정시험 7급Ⅱ 실전문제 답안지(2)

번호	정답	1검	2검	번호	정답	1검	2검	번호	정답	1검	2검
34	대답 답			47	불 화			60	⑩		
35	여섯 륙			48	인간 세			61	⑦		
36	설 립			49	때 시			62	⑧		
37	손 수			50	나무 목			63	①		
38	먼저 선			51	밥/먹을 식			64	②		
39	모 방			52	큰문			65	④		
40	매양 매			53	방안, 집안			66	④		
41	일 사			54	⑨			67	④		
42	발 족			55	④			68	②		
43	긴 장			56	⑥			69	⑤		
44	마디 촌			57	②			70	③		
45	일곱 칠			58	⑤						
46	푸를 청			59	③						

부록Ⅱ

제2회 7급 Ⅱ 실전문제 답안지

■ 사단법인 한국어문회 • 한국한자능력검정회　　　　　7 2 1 ■

| 수험번호 | □□□ - □□ - □□□□ | | 성명 | □□□□□ |

생년월일 □□□□□□　　※ 유성 싸인펜, 붉은색 필기구 사용 불가.

※ 답안지는 컴퓨터로 처리되므로 구기거나 더럽히지 마시고, 정답 칸 안에만 쓰십시오.
글씨가 채점란으로 들어오면 오답처리가 됩니다.

제2회 전국한자능력검정시험 7급 Ⅱ 실전문제 답안지(1)

번호	정답	1검	2검	번호	정답	1검	2검	번호	정답	1검	2검
1	효도			12	육촌			23	남녀		
2	교문			13	전력			24	청년		
3	정답			14	선후			25	하오		
4	대한			15	시간			26	사방		
5	농토			16	만민			27	안전		
6	남산			17	국왕			28	자립		
7	활동			18	팔월			29	백군		
8	목수			19	형제			30	공장		
9	부모			20	상공			31	동서		
10	생수			21	가장			32	내외		
11	산명			22	직전			33	마디 촌		

감독위원	채점위원(1)		채점위원(2)		채점위원(3)	
(서명)	(득점)	(서명)	(득점)	(서명)	(득점)	(서명)

※ 본 답안지는 컴퓨터로 처리되므로 구겨지거나 더럽혀지지 않도록 조심하시고 글씨를 칸 안에 또박또박 쓰십시오.

제2회 전국한자능력검정시험 7급Ⅱ 실전문제 답안지(2)

답안란		채점란		답안란		채점란		답안란		채점란	
번호	정답	1검	2검	번호	정답	1검	2검	번호	정답	1검	2검
34	일곱 칠			47	저자 시			60	③		
35	사람 인			48	임금 왕			61	⑨		
36	길 도			49	온전 전			62	⑩		
37	농사 농			50	아홉 구			63	⑧		
38	사이 간			51	아닐 불			64	④		
39	힘 력			52	바르고 곧음			65	⑤		
40	효도 효			53	먹는 물			66	①		
41	먹을 식			54	⑥			67	②		
42	다섯 오			55	⑦			68	③		
43	아비 부			56	②			69	④		
44	열 십			57	④			70	④		
45	작을 소			58	⑤						
46	가르칠 교			59	①						

四方八方 사방팔방

여기 저기 모든 방향이나 방면

MEMO

四海兄弟 사해형제

온 세상 사람이 모두 형제와 같다는 뜻으로, 친밀함을 이르는 말

MEMO

土木工事 토목공사

땅과 하천 따위를 고쳐 만드는 공사

MEMO

八道江山

팔도강산
팔도의 강산
우리나라의 강산

저자 남기탁(南基卓)

약력 한국어문교육연구회 편찬위원장

사단법인 한국어문회 이사

한국한자능력검정회 회장

강원대학교 인문대학 국어국문학과 교수

한자능력검정시험 7급Ⅱ

초판발행 2010년 6월 15일
11판발행 2023년 1월 10일

발행인 한국어문교육연구회
발행처 한국어문교육연구회
주소 서울시 서초구 사임당로 64, 401호(서초동, 교대벤처타워)
전화 1566-1400
등록번호 제22-1555호
ISBN 979-11-91238-43-3 13700

정가 16,000원

공급처   푸른하늘 T.02-332-1275, 1276 | F.02-332-1274
www.skymiru.co.kr

20 . ( ). ( )

성 명

제 회 전국한자능력검정시험 7급Ⅱ 답안지(1) (시험시간 50분)

번호	답안란 정답	채점란 1검	채점란 2검	번호	답안란 정답	채점란 1검	채점란 2검	번호	답안란 정답	채점란 1검	채점란 2검
1				12				23			
2				13				24			
3				14				25			
4				15				26			
5				16				27			
6				17				28			
7				18				29			
8				19				30			
9				20				31			
10				21				32			
11				22				33			

감 독 위 원	채 점 위 원 (1)	채 점 위 원 (2)	채 점 위 원 (3)
(서명)	(득점) (서명)	(득점) (서명)	(득점) (서명)

※ 뒷면으로 이어짐

['-국어능력검정시험 7급Ⅱ 답안지(2)

...배선 못하십시오. 글씨가 채점란으로 들어오면 오답처리가 됩니다.

번호	답 안 란		채점란		번호	답 안 란		채점란	
	정답	답	1검	2검		정답	답	1검	2검
34					47				
35					48				
36					49				
37					50				
38					51				
39					52				
40					53				
41					54				
42					55				
43					56				
44					57				
45					58				
46					59				

번호	답 안 란		채점란	
	정답	답	1검	2검
60				
61				
62				
63				
64				
65				
66				
67				
68				
69				
70				